MW01596479

A fuego lento

A fuego lento

La cocina de Angela Landa

CAJA DE AHORROS DEL CIRCULO CATOLICO

Cubierta y contracubierta:
DIEGO VELÁZQUEZ, *Vieja friendo huevos*
(Edimburgo, National Gallery), detalles.

Las cantidades que se indican en las recetas de este
libro están calculadas en general para seis raciones,
salvo cuando se indica expresamente otra cosa.

Primera edición: noviembre, 1992
Segunda edición: diciembre, 1992
Tercera edición especial para la Caja de Ahorros
del Círculo Católico de Burgos, 1993

© Angela Landa, 1992
© Editorial Nerea, 1992
Sta. María Magdalena, 13   28016 Madrid
Tel. 359 45 09   Fax 359 29 98

Diseño y composición: EFECE, S.L.

ISBN 84-86763-72-X
D.L.TO:1622-1993
Impreso en Artes Gráficas Toledo

Impreso en España

Indice

Aperitivos y entremeses

En cocina, como en todo, el arte no debe servir nunca a ocultar, sino a valorizar las primeras materias...–A ver si adivina usted de qué es este timbal –le pregunta a uno la dueña de la casa, presentándole un plato. Y, como no hay manera de que uno lo adivine, la buena señora sonríe al igual de esos arquitectos que cuando logran hacer en magnífico granito un edificio que tiene todas las apariencias del cemento armado, creen haber vencido las mayores dificultades técnicas de su arte y se consideran unos genios de la arquitectura. –Es un timbal de merluza –explica la buena señora al final–, pero ¿verdad que parece más bien de macarrones? Y, realmente, parece más bien de macarrones o de arroz, de tapioca o de goma arábiga. Parece de cualquier cosa, en fin, menos de lo que es, y uno no acierta a explicarse cómo se las habrá arreglado el ama de casa para conseguir su efecto: si transfundiendo por medio de la alquimia unas substancias en otras, o si poniendo a sus invitados en trance hipnótico. JULIO CAMBA

Croquetas de gambas

Un cuarto de kilo de gambas frescas
Un litro y medio de leche
Huevos
Aceite de oliva

Media cebolla
50 gramos de mantequilla
Harina
Pan rallado
Sal

Se descabezan y pelan las gambas, se lavan bien y se pican bastante menudas. En un cazo grande o en una sartén honda se pone al fuego una tacita de aceite. Una vez caliente, se echa la cebolla picada muy menuda. Cuando la cebolla empieza a dorarse se añaden las gambas, se saltean bien y se añaden tres cucharadas colmadas de harina. Se mezcla bien para que se haga un poco con lo demás. Entonces se empieza a echar la leche fría, poco a poco y sin dejar de mover para incorporarla bien. Debe cocer un poco cada vez antes de añadir más leche. Cuando se ha incorporado toda la leche, se añaden la mantequilla y sal al gusto y se deja cocer durante unos cinco minutos, sin dejar de mover para que no se agarre. Se vierte esta bechamel en una fuente plana para que se enfríe. Cuando la masa está bien fría, se da forma a las croquetas sobre una tabla o mármol, con la ayuda de harina. Después se pasan por huevo batido y pan rallado y se fríen en abundante aceite muy caliente para que no revienten. Cuando están doradas se escurren en un colador o papel absorbente, y se sirven inmediatamente.

Las croquetas debían tener hueso, para que pudiésemos llevar la cuenta de las que comemos.
RAMON GOMEZ DE LA SERNA

Empanadillas de bonito

150 gramos de bonito
en escabeche
Salsa de tomate
Leche
Azúcar

Media cebolla
Mantequilla
Harina
Aceite de oliva
Sal

S e derrite mantequilla a fuego lento en un cazo, se mide una taza y se añade la misma medida de leche caliente. Se echan media cucharadita de sal y una cucharada de azúcar, se bate bien y se empieza a incorporar harina poco a poco, trabajando hasta conseguir una masa lisa que se despega del cacharro. Para esta cantidad de mantequilla y leche se puede calcular más o menos unos tres cuartos de kilo de harina. Se tapa con una servilleta y se deja reposar un cuarto de hora. Para preparar el relleno, se fríe la cebolla picada muy menuda. Cuando está dorada se retira del fuego y se añaden el bonito desmenuzado y una tacita de salsa de tomate. Se mezcla todo muy bien procurando que quede una pasta espesa. Para hacer las empanadillas, se extiende con un rodillo la masa sobre un mármol o superficie lisa, con ayuda de harina para que no se pegue y dejando la masa lo más fina posible. Se pone una cucharada de relleno en el centro de la masa, se dobla por encima cubriendo el relleno y se corta con una rueda cortapastas o con un cuchillo, dándole la forma semicircular. Por último, se juntan bien los bordes apretando con los dedos para que no se abran al freír. Se fríen en una sartén honda con abundante aceite caliente. Al echarlas en el aceite deben subir y ponerse huecas, señal de que la masa está en su punto.

Véase también, en la página 133, la receta de las CROQUETAS DE BACALAO.

Gambas con gabardina

Medio kilo de	*Harina*
gambas frescas	*Levadura en polvo*
Aceite de oliva	*Sal*

Se descabezan y pelan las gambas, dejando el final de la cola, y a continuación se lavan bien y se salan. Se dejan un rato sobre un papel absorbente para que se sequen bien y tomen mejor la pasta de freír. La pasta se hace mezclando en un cuenco dos cucharadas de harina con una cucharadita de levadura en polvo y añadiendo después poco a poco agua, sin dejar de remover, hasta que quede homogénea. Aunque depende del tipo de harina, puede calcularse unas tres cucharadas de agua por cada una de harina. Si no se tiene levadura se puede hacer también sustituyendo el agua por sifón. Se pone al fuego una sartén honda con abundante aceite. Cuando está muy caliente se van echando las gambas de una en una después de pasarlas por la pasta de freír. La pasta debe estar lo suficientemente espesa para que se adhiera bien a las gambas. Se doran bien por los dos lados, se escurren en un colador o papel absorbente y se sirven recién fritas.

En estas cosas de gastronomía los españoles somos simplistas, y nos agrada nombrar las cosas de modo que las comprenda todo el mundo sin dificultades, ni complicaciones. Los franceses, en cambio, son muy hiperbólicos y gustan de incluir, en las fórmulas culinarias, mucha literatura.
TEODORO BARDAJI

Gambas rebozadas

Un kilo de gambas frescas *Aceite de oliva*
Harina *Dos huevos*
Limón *Sal*

Se descabezan y pelan las gambas, se lavan y se ponen a escurrir en un colador. Se salan al gusto y se rocían con unas gotas de limón. Se ensartan las gambas en palillos, tres por cada palillo, atravesándolas por el centro. Cogiéndolas por la punta del palillo, se pasan por harina y huevo batido y se fríen en aceite bien caliente hasta que estén doradas por ambos lados. Se escurren bien en un colador o en un papel absorbente y se sirven muy calientes.

Gambas al ajillo

Un kilo de gambas   Aceite de oliva
Seis dientes de ajo   Guindilla roja seca
Sal

Se pelan, lavan y salan al gusto las gambas. En una cazuela de barro o en varias cazuelitas individuales se pone abundante aceite de oliva, como para que suba un centímetro del fondo de la cazuela. Se pone al fuego con los ajos cortados en rodajitas. Cuando los ajos están dorados, pero antes de que se pongan negros, se añaden la guindilla en rodajas y, un poco después, las gambas, se revuelven bien con los ajos y la guindilla y se deja hacer a fuego fuerte unos momentos (deben estar hechas, pero no secas). Si no gusta el picante, se puede suprimir la guindilla. Se sirven muy calientes en la misma cazuela de barro.

Boquerones cocidos

Un kilo de boquerones Una cebolla
Dos dientes de ajo Perejil
Aceite de oliva Vinagre
Sal

Se limpian y descabezan los boquero-nes, dejando solamente la espina central, y se dejan en agua fría durante diez minutos. Se escurren y se ponen al fuego en una cacerola con unos cascos de cebolla, sal y agua fría que los cubra. Cuando rompen a hervir se dejan cocer durante dos minutos, se retiran del fuego y se dejan enfriar un poco. Se les quita la espina central, se colocan los lomos limpios en una fuente plana y se cubren con un picadillo menudo de cebolla, ajo y perejil. Se aliñan con sal, vinagre y un buen chorro de aceite. Es conveniente prepararlos unas horas antes de comerlos para que tomen bien el aliño. Se sirven fríos.

Véase también, en la página 134, la receta de los SOLDADITOS DE PAVIA.

Boquerones en vinagre

Un kilo de boquerones   *Tres dientes de ajo*
Sal gorda   *Media cebolla*
Perejil   *Vinagre*
Aceite de oliva

Es importante que los boquerones sean gordos y carnosos, y que estén muy frescos. Se limpian bien los boquerones, quitándoles la cabeza y la espina central, pero dejando los lomos unidos, se lavan y se dejan un cuarto de hora en agua limpia y fría para que suelten la sangre y queden después más blancos. En un cacharro de barro o cristal se pone una taza de vinagre, se disuelven en él dos cucharadas de sal gorda y se van colocando los boquerones abiertos, unos encima de otros, de forma que queden todos ellos cubiertos por el vinagre (se añade más si es necesario). Se dejan cuarenta y ocho horas en el vinagre en la nevera o en sitio muy fresco. Pasado este tiempo se escurren y lavan bien al chorro de agua fría, de uno en uno, quitándoles las espinas laterales y separándolos en dos. Se dejan escurrir unos minutos en un colador y se colocan con la piel hacia abajo, en una fuente que no sea de metal.

Se pican muy menudos la cebolla, los ajos y el perejil, y se cubren con ellos los boquerones. Por último, se echa sobre ellos un buen chorro de aceite de oliva, repartiéndolo bien. Conviene dejarlos unas horas en este aliño antes de servirlos.

Las viandas de menor mantenimiento y que facen menos finchimiento son los buenos pescados; y los mejores dellos son los más pequeños.
ALFONSO CHIRINO

Buñuelos de jamón, chorizo o queso

100 gramos de jamón   125 gramos de harina
serrano, chorizo o queso   50 gramos de mantequilla
Tres huevos   Levadura en polvo
Aceite de oliva

Se pone a hervir alrededor de un cuarto de litro de agua con la mantequilla y cuando está cociendo se añade de golpe la harina (previamente mezclada con media cucharadita de levadura). Se remueve rápidamente con una cuchara de madera hasta que se haga una bola. Se añade entonces, muy picadito, el jamón, el chorizo o el queso. Una vez bien mezclado, se retira del fuego, se deja enfriar y, cuando la masa está templada, se añaden los huevos de uno en uno, sin añadir ninguno hasta que el anterior se haya incorporado bien a la pasta. Se deja reposar media hora y luego se forman bolitas cogiendo la masa con una cucharilla. Se fríen en una sartén honda en bastante aceite, no demasiado caliente para que los buñuelos suban mejor.

Véase también, en la página 135, la receta de los BUÑUELOS DE PATATA Y BACALAO.

Tigres

Un kilo y medio de mejillones   *Media cebolla*
Harina   *Leche*
Salsa de tomate   *Aceite de oliva*
Huevo y pan rallado   *Tabasco*
Sal

Se ponen los mejillones limpios y bien lavados en una cacerola al fuego, tapados para que se abran y se hagan al vapor. Cuando están todos abiertos se escurren, se cuela el agua que han soltado y se reserva. Se quitan las cáscaras y se reservan las que sean mayores y estén más limpias. Los mejillones se pican bastante menudos. En una sartén se pone al fuego una tacita de aceite con la cebolla picada menuda. Cuando está dorada se añaden los mejillones picados y dos cucharadas de harina, se remueve para que se mezcle bien y se haga durante unos momentos y se empieza a echar la leche, poco a poco, hasta un vaso aproximadamente, y el agua de los mejillones que se había reservado, hasta conseguir una masa fina como bechamel. Se deja que cueza unos cinco minutos más, siempre moviéndolo porque se agarra fácilmente. Por último se añaden la sal al gusto, dos cucharadas de salsa de tomate y unas gotas de tabasco (no mucho para que no anule el sabor del mejillón). Con esta pasta se rellenan las medias cáscaras de los mejillones que se han reservado y se dejan enfriar. Una vez fríos los tigres, se pasan por huevo batido (sólo la parte plana, del relleno) y pan rallado. Se fríen en aceite muy caliente hasta que se doran, se escurren bien y se sirven inmediatamente.

Pimientos rellenos de escabeche

100 gramos de bonito
en escabeche
Huevos
Harina
Sal

Pimientos del piquillo
Media cebolla
Salsa de tomate
Aceite de oliva
Azúcar

Lo más frecuente es utilizar pimientos de lata. En ese caso, se escaldan en agua hirviendo con una pizca de azúcar, se dejan escurrir y, cuando se han enfriado un poco, se limpian bien de pieles y pepitas, por dentro y por fuera. Mientras, se ponen a cocer dos huevos. Se prepara el relleno poniendo a freír la cebolla picada menuda. Cuando está dorada se añaden el bonito desmenuzado, tres cucharadas de salsa de tomate y los dos huevos cocidos, muy picaditos. Se mezcla todo bien, formando una pasta con la que se rellenan los pimientos repartiéndola por igual. Se pone un palillo para cerrarlos, de manera que no se salga el relleno. Se rebozan en harina y huevo batido y se fríen en aceite caliente. Cuando están dorados por los dos lados se sacan y se escurren sobre un papel absorbente. Antes de servirlos, se retira el palillo. Se pueden tomar fríos o calientes.

Indudablemente, la cocina antigua, sin los pimientos, debía de ser muy poco variada y triste.
ANA MARIA CALERA

Picadillo burgalés

Un kilo de carne   Pimentón dulce y picante
magra de cerdo   Ajos
Orégano   Sal gorda

Se parte la carne en trozos pequeños, quitando bien todos los nervios, pero dejando un poco de grasa. Aparte, en un cacharro de barro, se mezclan bien una cucharada de pimentón dulce y otra de picante, una cucharada de orégano, una cucharada o una cucharada y media de sal gorda y unos seis o siete dientes de ajo, que previamente se habrán machacado un poco, enteros y sin pelar, en el mortero. Se añade alrededor de medio litro de agua y se remueve bien hasta disolver totalmente la sal. Entonces se incorpora la carne, se envuelve todo bien para que coja el aliño por igual y se deja en maceración durante dos días en lugar fresco, dándole vueltas de vez en cuando. Pasado este tiempo se escurre (una vez escurrido se puede conservar tres o cuatro días en la nevera). Para guisarlo se pone en una sartén media taza de agua con la carne a fuego fuerte hasta que se reduce todo el caldo, entonces se añade un chorro de aceite y se deja freír a fuego medio hasta que se ve que está tierno y hecho. Se sirve muy caliente, como aperitivo o como acompañamiento de huevos fritos.

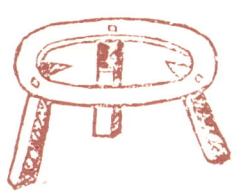

Paté de higaditos

Medio kilo de higaditos de pollo *Media cebolla*
Dos dientes de ajo *100 gramos de mantequilla*
Aceite de oliva *Coñac*
Jerez dulce *Pimienta negra*
Sal

Se limpian cuidadosamente los higaditos, quitándoles todos los nervios y telillas que tienen, se lavan bien, se pican y se reservan. En una sartén se pone un poco de aceite al fuego y se echa la cebolla muy picada. Cuando empieza a dorarse se ponen los ajos, también muy menudos. Un poco después se añaden los higaditos, se salan y se fríen removiendo con una cuchara de madera. Una vez bien hechos, se ponen con la cebolla en el vaso de la batidora, se añaden la mantequilla (que no debe estar muy dura), dos cucharadas de coñac, otras dos de jerez dulce y un poco de pimienta negra molida. Se bate bien hasta que quede una pasta suave y fina. Se sirve en canapés o en tarrinas pequeñas acompañadas de rebanadas de pan tostado.

Emparedados de jamón serrano

Jamón serrano   Pan de barra
en lonchas   Leche
Huevos   Aceite de oliva

Se cortan rebanadas finas de pan, mejor del día anterior, se les quita un poco la corteza y se hacen bocadillitos cuadrados con el jamón. Se colocan en una fuente y se mojan con un poco de leche templada por ambos lados. Se rebozan en huevo batido y se fríen en aceite abundante. Se escurren en papel absorbente y se sirven recién fritos.

Dije que a los padres compete la enseñanza de la difícil asignatura de la educación gastronómica de los hijos, sin la cual poseerán una cultura mutilada por falta de uno de los principales conocimientos que distinguen a un señor de un patán y, lo que es por lo menos tan importante, con su desidia, ponen en grave riesgo el porvenir de los muchachos. Hay muchos padres que se preocupan por los biceps de sus hijos y se desinteresan de sus paladares. Es un error con consecuencias graves. Con rarísimas excepciones los atletas mueren jóvenes, y su capacidad para el ejercicio de su profesión es de duración limitada, mientras que un tripasai, además de vivir tantos años como un jugador de mus, que puede decirse que es un deporte sedentario que prolonga la vida de quien lo practica, conserva sus facultades, más o menos atenuadas, hasta la risueña ancianidad, verdadera niñez de nieve que suelen disfrutar los gastrónomos.
LUIS ANTONIO DE VEGA

Sopas y cremas

COMO SE SIRVE LA SOPA (I)

Existen tres maneras, cada cual con sus ventajas y sus inconvenientes. Hagamos un ligero repaso. La primera, que, según creemos, es la más antigua consiste en que los comensales pasan sucesivamente los platos al anfitrión y éste los devuelve servidos. Pero estas idas y venidas de platos, sea en diagonal o en paralelo (todo depende del número de camareros) exponen a más de un accidente, retrasan el servicio y hacen que una parte de los invitados haya terminado ya la sopa mientras otra aún no la ha recibido, ponen en peligro la vajilla e incluso la sopa y provocan mil distracciones en el momento en que el apetito exige la máxima atención. Las disculpas que prodigan los invitados acrecientan la confusión. Se olvida que, si las ceremonias son en general enemigas de la buena mesa, lo son doblemente en el caso de los platos calientes como es el caso de la sopa. Además, el anfitrión se siente bastante incómodo, con dudas sobre a quién servir antes. La costumbre impone que se les sirva a las damas primero, ¿pero a quién servir después y cómo asignar los rangos? ¿Cómo satisfacer, o conciliar, todas las expectativas? ¿Cómo recordar en qué orden se ha servido la sopa para respetarlo en los siguientes servicios, ya que así lo impone la etiqueta? La verdad es que es un auténtico laberinto. GRIMOD DE LA REYNIERE, 1808

véase la segunda forma en la página 32

Sopa de ajo

Cuatro dientes de ajo   *Un pimiento rojo seco*
Pimentón dulce   *Pimienta negra*
Un huevo   *Pan*
Aceite de oliva   *Sal*

En una cacerola se pone al fuego una tacita de aceite de oliva con los ajos cortados en rodajas finas. Cuando éstos empiezan a dorarse, se añade el pan cortado en rebanadas muy finas (se corta mejor si el pan es del día anterior). La cantidad de pan depende de si la sopa gusta clara o algo más espesa. Se rehoga bien el pan con los ajos y con una cucharadita de pimentón. A continuación se añade el agua (como un litro y medio para seis personas), el pimiento seco, que se habrá tenido un rato en agua templada para que se ablande, una pizca de pimienta negra molida y sal al gusto. Cuando ha hervido durante unos cinco minutos y el pan está casi deshecho, se separa del fuego, se echa el huevo batido y se remueve bien. Se sirve muy caliente.

Otra sopa de ajo

Cuatro dientes de ajo   Un pimiento verde
Pan   Aceite de oliva
Sal

Se ponen a cocer, en aproximadamente un litro y medio de agua, los ajos crudos cortados en rodajas finas, el pimiento entero, un chorrito de aceite de oliva crudo y un poco de sal. Se deja hervir hasta que el pimiento esté casi cocido. Entonces se añade el pan, mejor del día anterior, cortado en rebanadas muy finas (la cantidad variará según se desee la sopa más clara o más espesa). Tiene que hervir todo junto durante unos diez minutos, para que el pan esté bien recocido. Se sirve muy caliente.

Si a la juventud divertida y dispendiosa de su reciedumbre le va de perilla las sopas de ajo cuando flaquea algo, a los viejos les sienta como un bálsamo eficaz. Miles de viejas y viejos alargaron su vida en los pueblos de Castilla merced a este condumio y al traguillo de lo de las cepas, aunque fuese del común o de pasto, y aguantaron escarchas, heladas, nieves y ventarrones sin inmutarse, años y años, como si fuesen pinos.
JULIO ESCOBAR

Sopa de almendras

*Un litro y medio de caldo
o consomé
Azafrán
Pan*

*50 gramos de almendras
Dos dientes de ajo
Aceite de oliva
Sal*

Se corta el pan en rebanadas finas, lo que resulta más facil si es del día anterior, y se dora en la placa del horno caliente. Se tuestan también las almendras y, una vez frías, se trituran hasta conseguir un polvo fino. Se pone el caldo a calentar en el fuego y cuando está hirviendo se incorporan las tostadas de pan y se deja cocer. Mientras, en una sartén se ponen a freír los ajos. Cuando están dorados, se machacan en el mortero con unas hebras de azafrán y las almendras. Se añaden unas cucharadas de caldo para hacer una pasta, que se incorpora al caldo que está hirviendo. Se mezcla todo bien y se bate con unas varillas para evitar que se formen grumos. Se sala al gusto y se deja hervir durante unos minutos. Se sirve muy caliente.

Sopa pavesa

Un litro y medio de caldo de carne   *150 gramos de queso Gruyère*
Seis huevos   *Dos cebollas grandes*
Aceite de oliva   *Pan*
Sal

Se cortan las cebollas en juliana fina y se fríen en una sartén con aceite. Cuando están a medio hacerse, antes de que empiecen a dorarse, se sacan del aceite y se escurren en un colador. Mientras, se habrá puesto el caldo a calentar. Se añade la cebolla al caldo caliente y se deja que hierva durante diez o quince minutos. Aparte, se corta el pan, mejor si es del día anterior, en rebanadas muy finas y se dora en la placa del horno, teniendo cuidado de que no se tueste demasiado. Después se incorpora el pan al caldo en el que están cociendo las cebollas. Se retira inmediatamente del fuego, se echa en una cazuela plana de barro y se cubre con el queso rallado en hebras. Se gratina en el horno hasta que el queso se funde y forma una costra dorada.
Si se quiere que sea un plato más completo, se casca un huevo por persona en la cazuela y se cuaja en el horno al gusto de cada cual.

Comiendo buenas cebollas levantaron los egipcios las pirámides.
LORENZO MILLO

Sopa de menudillos

Un cuarto de kilo de	*Dos litros de caldo*
menudillos de pollo	*Media cebolla*
Dos dientes de ajo	*Salsa de tomate*
Aceite de oliva	*Arroz*
Un huevo	*Jamón serrano*
Perejil	*Sal*

Se limpian muy bien los menudillos, quitándoles todas las durezas y ternillas y las telillas que los envuelven. En una sartén se pone al fuego una tacita de aceite. Cuando está caliente se echa la cebolla picada menuda y se deja freír hasta que empieza a dorarse. Entonces se añaden el ajo y el perejil bien picaditos, y se sigue friendo hasta que todo esté bien hecho. Se incorporan entonces los menudillos partidos en trozos pequeños y se saltea todo junto. Por último, se ponen tres cucharadas de salsa de tomate y se rehoga bien. El contenido de la sartén se junta entonces con el caldo para que cueza todo junto durante quince o veinte minutos. En el fondo de la sopera o de los platos se pone un poco de arroz blanco, cocido aparte, y un poco de huevo cocido y jamón, picados muy menudos. Sobre este picadillo se vierte la sopa, muy caliente, en el momento de servir.

Una buena sopa es la gran comida del pobre, una gozada que a menudo el rico le envidia.
GRIMOD DE LA REYNIERE

Según la segunda manera habitual en nuestros días, se sitúa una pila de platos, tantos como invitados hay, entre la sopera y el anfitrión. Este llena cada plato y lo pasa a derecha e izquierda alternativamente. El que lo recibe se lo queda o se lo pasa al vecino, hasta que llega a los últimos, de forma que el más cercano a la sopera es el último en ser servido. Este método resulta sin duda más cómodo, pero no invalida el inconveniente de hacer circular platos calientes y llenos. Por otro lado, si los vecinos del anfitrión se consideran servidos al recibir el primer plato, no podrán tomarlo en paz, ya que están obligados a pasar platos. Si, por el contrario, van pasando todos los que reciben, sufrirán un auténtico suplicio de Tántalo y, como premio a su cansancio, tendrán menos cantidad que nadie, a poco que la sopa escasee, lo que ocurre a menudo en los banquetes multitudinarios. Algunos de estos inconvenientes se alivian duplicando las soperas. Pero, colocadas en los dos bordes de la mesa, ya no pueden ser servidas por el anfitrión, lo cual, en principio, supone un grave inconveniente, superior incluso a los que se han querido evitar. Dos extraños, en efecto, cuya habilidad y celo no siempre son de fiar, asumen la función, una de las más penosas, delicadas y menos lucidas de las que exige el servicio de la mesa. Y, como ya se sabe que es una lata, todos se las arreglan para escabullirse, aun cuando es difícil lograrlo si hay varias soperas en la mesa. GRIMOD DE LA REYNIERE, 1808

véase la tercera forma en la página 42

Sopa castellana

100 gramos de chorizo   100 gramos de jamón serrano
Tres dientes de ajo   Seis huevos
Pan   Pimentón dulce
Pimienta negra   Aceite de oliva
Sal

En una cazuela de barro se pone al fuego una tacita de aceite con los ajos en rodajas. Cuando éstos empiezan a tomar color, se añaden el chorizo y el jamón cortados en tacos pequeños. Se rehogan con una cucharadita de pimentón y pan en rebanadas finas —la cantidad de pan depende de si se desea la sopa clara o más espesa. Una vez bien rehogado todo, se añade el agua (más o menos un litro y medio para seis personas), una pizca de pimienta negra molida y un poco de sal, no mucha al llevar chorizo y jamón. Tiene que cocer todo junto durante diez o quince minutos. Se prueba de sal y se rectifica en caso necesario. Entonces se separa en cazuelas de barro individuales, que se ponen al fuego sobre una placa, y se escalfa un huevo en cada una. Se sirve, bien caliente, cuando el huevo empieza a cuajarse. Esta sopa puede servirse también sin huevos.

Sopa de pescado

Un cuarto de kilo de rape
Un cuarto de kilo de gambas
Cabezas y raspas de
merluza, rape, congrio...
Cuatro tomates rojos
Aceite de oliva

Un cuarto de kilo de chirlas
Un cuarto de kilo de calamares
Una cebolla
Dos zanahorias
Dos dientes de ajo
Sal

En unos tres litros de agua se ponen a cocer las cabezas y raspas de pescado con los cascos de la cebolla, dos tomates partidos en trozos, las zanahorias y un poco de sal. Las chirlas se ponen en agua fría con un puñado de sal para que suelten la tierra. Se limpian y se pelan las gambas, y las cabezas y cáscaras se añaden al caldo que está cociendo. Todo junto tiene que cocer por lo menos media hora. Se escurren y lavan las chirlas, y se ponen al fuego en agua limpia, para que se abran. Una vez abiertas, se sacan y se quita la media concha vacía. El agua en que se han abierto las chirlas se añade al caldo de pescado que está cociendo, pasándola previamente por un colador con una servilleta de papel para que no pasen arenillas. Se lavan y limpian bien el rape y los calamares, se cortan en trozos pequeños y se reservan con las gambas y las chirlas. Aparte se hace un refrito: se pone a freír la cebolla picada menuda; cuando está a medio hacer se añaden los ajos también muy picaditos. Cuando empiezan a dorarse se añaden dos tomates pelados, despepitados y picados, y se deja freír todo junto, removiendo con frecuencia, hasta que el tomate está bien hecho. Del caldo de pescado se sacan entonces, con cuidado, las cabezas y las raspas, y el resto se pasa por un pasapurés para que la cebolla, las zanahorias y el tomate den un poco de consistencia a la sopa. Una vez pasado, se añaden el refrito y los pescados que se han reservado. Tiene que cocer todo junto durante unos cinco minutos. Se prueba de sal y se sirve con arroz blanco aparte.

Sopa de pescado al cuarto de hora

Una cabeza de merluza o   *Raspas de pescado*
de congrio   *Media cebolla*
Dos dientes de ajo   *Pimentón dulce*
Aceite de oliva   *Un huevo*
Pan   *Sal*

Se ponen a cocer, en dos litros de agua aproximadamente, la cabeza y las raspas de pescado, la cebolla en cascos y un poco de sal. Se deja cocer durante un cuarto de hora y después se cuela el caldo. Aparte, en una sartén con una tacita de aceite, se fríen los ajos y cuando empiezan a tomar color se retira del fuego y se añade una cucharada de pimentón. Se junta con el caldo de cocer el pescado y se vuelve a poner al fuego. Cuando está cociendo se incorpora el pan cortado en rebanadas finas —la cantidad de pan depende de cómo se desee que quede la sopa de espesa. Se deja cocer durante unos minutos, se retira del fuego y se añade el huevo batido, mezclándolo bien. Si la cabeza y las raspas del pescado tienen algo de carne, se limpia con cuidado, se desmenuza y se añade a la sopa.

Sopa de tomate

Cuatro tomates maduros   Una cebolla
Un pimiento verde   Aceite de oliva
Pan   Sal
Azúcar

En una cacerola se pone a freír, con una tacita de aceite, la cebolla picada menuda. Cuando está transparente se añade el pimiento cortado en tiras finas y se deja friendo un rato para que se haga. Por último, se agregan los tomates pelados, despepitados y picados, y se deja hacer a fuego lento. Una vez que el tomate está bien frito, se añade el agua (unos dos litros aproximadamente) y se sazona con sal y una pizca de azúcar.

Tiene que cocer lentamente una media hora con la cacerola tapada.

En el fondo de la sopera se ponen rebanadas finas de pan, y sobre ellas se vierte el caldo hirviendo en el momento de servir.

Que la sopa de coles huela realmente a coles, la de puerros, a puerro, la de nabos a nabo, y así las demás, dejando las composiciones para las cremas, los picadillos, los jigotes y otros disfraces, más hechos para probar un poco que para atiborrarse.
NICOLAS DE BONNEFONS (1654)

Sopa de verdura ilustrada

Medio kilo de judías verdes
Tres zanahorias
Un nabo
300 gramos de morcillo de vaca
Un trozo de codillo
Queso rallado

Medio kilo de acelgas
Dos puerros
Una rama de apio
Dos huesos de vaca
100 gramos de macarrones
Sal

Se limpian bien todas las verduras, quitando las hebras a las judías y las acelgas, dejando sólo la parte blanca de los puerros, etc. Se pican muy menudas y se reservan en agua. En una cacerola, y con agua fría abundante (unos tres litros), se ponen al fuego la carne, los huesos y el codillo. Cuando empieza a hervir se quita bien toda la espuma que se ha formado y se añaden todas las verduras escurridas. Se deja que cueza todo junto hasta que la carne está tierna. Si se reduce mucho el agua, se añade más, pues la sopa tiene que quedar caldosa. Cuando la carne y las verduras están cocidas se sacan los huesos y la carne y se echan los macarrones partidos en trozos pequeños. Se dejan cocer hasta que estén en su punto. La carne se desmenuza bien, en trozos pequeños, quitándole los nervios y la grasa, y se incorpora a la sopa. Se sala al gusto y se sirve muy caliente. El queso rallado se pone aparte para que cada cual se sirva directamente en el plato.

¿Qué comerá usted, pues? Una sopa de legumbres. Cualquiera. Todas son excelentes si no están hechas con materiales sintéticos, en cubitos o en icosaedros.
JOSEP PLA

Consomé al jerez o royal

Medio kilo de carne magra
de vaca picada
Un tronco de apio
Un tomate maduro
Jerez seco

Dos zanahorias
Un puerro
Un nabo
Un huevo
Sal

En una olla se pone a cocer la carne en unos tres litros de agua fría. Cuando rompe a hervir se añaden todas las verduras picadas menudas, menos el tomate, que se pone entero. Se deja cocer, tapado y a fuego lento, durante dos horas. Entonces, como se habrá reducido bastante, se añade un litro de agua fría y la clara y la cáscara de un huevo (para clarificar el consomé). Se deja cociendo, destapado, durante una hora más. Se pone sal al gusto, se retira y se deja enfriar. Cuando está frío se pasa por una servilleta, previamente mojada con agua caliente, puesta sobre un colador. Encima de la servilleta se ponen la carne y las verduras cocidas, que actuarán de filtro para ir pasando el consomé poco a poco. Si tiene poco color se añade un poco de azúcar quemada: se calienta el azúcar al fuego y, cuando se ha hecho caramelo, se disuelve en unas cucharadas de consomé. Esta mezcla se va añadiendo a gotas, pues da muchísimo color y hay que tener cuidado de que no quede excesivamente oscuro. Para quitar la poca grasa que haya soltado la carne, se mete el consomé en la nevera. Cuando se haya solidificado la grasa en la superficie, se pasa por un colador fino. El jerez es opcional. Para ello, se sacan a la mesa unas tazas con una cucharada de jerez en el fondo, y otras sin él. El consomé puede tomarse frío o caliente. Si se va a calentar, es importante que no llegue a hervir. El consomé royal es una variación del consomé básico, en la que, al servirlo, se sustituye el jerez por una especie de flan. Para hacer este flan se baten un huevo y una yema con unas cucharadas de consomé o de leche. Se sazona, se mezcla

bien y se pone en un flanero pequeño untado de mantequilla. Se cuece al baño
María. Se sabe que ya está cocido cuando, al meter la punta de un cuchillo, éste
sale seco. Entonces se retira, se saca del agua y, cuando está frío, se
desmolda sobre un mármol o tabla. Se corta en dados como
de un centímetro de lado y se ponen unos cuantos en el
fondo de cada taza antes de sacarlo a la mesa.

El consommé (no me atrevo a llamarlo consumado, aunque figura tal vocablo en el diccionario de
nuestra Academia) es, sencillamente, un caldo perfecto.
TEODORO BARDAJI

Porrusalda bilbaína

Un kilo y medio de patatas
Cuatro dientes de ajo
Aceite de oliva

Cuatro puerros
Un cuarto de kilo de calabaza
Sal

Se cortan finas, como para tortilla, las patatas y la calabaza. Los puerros se cortan en rodajas finas. Todo ello se pone a cocer con bastante agua. Aparte, en una sartén, se fríen los ajos enteros en una tacita de aceite. Cuando están bien dorados, se sacan y se machacan en el mortero. Los ajos así machacados y el aceite de freírlos se añaden a la cocción de lo anterior. Tiene que cocer todo junto hasta que las patatas estén bien blandas. Poco antes de retirarlas se sala al gusto, y se sirve muy caliente.

Véase también, en la página 136, la receta de la PORRUSALDA DE BACALAO.

Crema de cangrejos

Un cuarto de kilo de gambas	Un kilo de cangrejos de mar
o carabineros	Dos docenas de cangrejos de río
Una cebolla	Dos zanahorias
Salsa de tomate	Leche
Mantequilla	Maizena
Guindilla roja seca	Sal

En una cacerola se ponen a cocer en agua con sal los cangrejos de mar y de río, previamente lavados en agua fría, y las gambas o carabineros. Cuando llevan diez minutos cociendo se sacan del caldo, y en éste se ponen la cebolla y las zanahorias picadas, una taza de salsa de tomate, un trocito de guindilla y dos cucharadas de mantequilla. Se pone de nuevo a cocer y, mientras, se pelan los cangrejos de río y las gambas o carabineros, reservando las colas por un lado y las cabezas por otro. Se quitan los caparazones de los cangrejos de mar, sacando bien todo lo que tienen dentro, y se hace lo mismo con las cabezas de los cangrejos de río y de las gambas o carabineros. Lo que se ha sacado de las cabezas se machaca un poco en el mortero y se agrega al caldo de pescado que está cociendo con las verduras. Tiene que seguir cociendo todo junto una media hora más. Todo ello se pasa después por el pasapurés. Para espesar más la crema se añaden dos cucharadas de maizena desleídas en una tacita de leche fría y se pone de nuevo al fuego. Cuando vuelve a hervir se retira. Si se quiere que quede más fina, ya fuera del fuego, se añade un vasito de nata líquida y se mezcla bien. En la sopera se ponen las colas limpias que se han reservado, en trozos si son muy grandes, y se echa la crema encima en el momento de servir, para tomarla muy caliente.

El tercer método es bastante distinto a los anteriores. En realidad, no tiene nada en común con ellos. Consiste en colocar (antes de que se sienten a la mesa) el plato de sopa bien lleno en el lugar de cada invitado, de tal forma que sólo hay que sentarse y tomarla. Así, se evitan las ceremonias, la circulación de platos, verdaderamente incómoda para el anfitrión o sus suplentes, y la mesa gana el espacio que ocuparía la sopera. Este método que presenta tan grandes ventajas tiene también algunos inconvenientes, siendo el principal la posibilidad de que se enfríe la sopa si alguien se retrasa en sentarse a la mesa. Pero es fácil de prever, calentando la vajilla y abreviando los cumplidos. Si los lugares están marcados con el nombre de cada invitado, pueden estar sentados en un abrir y cerrar de ojos y tomar la sopa tan caliente como si acabara de salir de la sopera. Hay que contar con que haya sólo una clase de sopa, si no ¿cómo intuir el gusto de cada uno? A pesar de todo, pensamos que este método es tan superior a los anteriores que no hay que dudar en adoptarlo, como está ocurriendo ya en París, en varias mansiones donde cuidan con celo todo lo que pueda contribuir a la gloria y aceptación de una mesa bien servida, según los principios del arte. GRIMOD DE LA REYNIERE, 1808

Crema de langostinos

Medio kilo de langostinos pequeños	Una cebolla
	Dos tomates maduros
Tres zanahorias	Dos dientes de ajo
Dos hojas de laurel	Mantequilla
Maizena	Sal

Se lavan bien los langostinos en agua fría y se ponen a cocer con la cebolla, los tomates, las zanahorias y los ajos, todo picado, en unos tres litros de agua con sal. Se ponen también dos hojas de laurel. Deben cocer unos diez minutos a partir de que rompe a hervir. Entonces se sacan los langostinos y se deja que el resto siga cociendo tapado. Mientras, se pelan los langostinos y se reservan las colas. A las cabezas se les quita el caparazón, limpiándolo lo más posible, y el resto se machaca un poco en el mortero y se añade al caldo. Se agregan también dos cucharadas de mantequilla y se deja cociendo otros quince o veinte minutos. Antes de retirarlo se añaden dos cucharadas de maizena disueltas en media taza de leche fría para que espese en el último hervor. Se pasa entonces por un pasapurés, se vuelve a poner al fuego sin dejar de moverlo con una cuchara de madera, se prueba de sal y cuando hierve de nuevo se retira. Si gusta más fina, se puede añadir ahora un vasito de nata líquida, mezclándolo bien ya fuera del fuego. En la sopera se ponen las colas de los langostinos picadas en trozos pequeños y se vierte la crema muy caliente encima. Aparte se pueden servir unos costrones de pan frito.

Crema de ave

Una pechuga de gallina entera Dos huesos de vaca
Dos zanahorias Un puerro
Una rama de apio Dos huevos
Maizena Leche
Sal

En una cacerola y con tres litros de agua aproximadamente se ponen a cocer la pechuga y los huesos. Cuando lleva un rato hirviendo se quita bien la espuma que se ha formado en la superficie. Se agregan entonces las zanahorias, el puerro y el apio picados, éste sin las hojas, se sazona y se deja que siga cociendo hasta que la pechuga esté tierna. Se necesitarán al menos dos horas, y aun más si la gallina es dura. Aunque debe cocer tapada, se reducirá mucho el caldo, por lo que es preciso añadir de vez en cuando un poco de agua. Al mismo tiempo, se ponen a cocer aparte los huevos. Cuando la gallina está bien cocida se saca del caldo con los huesos. El caldo con las verduras se pasa por el pasapurés (o por una batidora, que deja la crema más fina). A continuación, a la crema ya pasada se le añaden dos cucharadas de maizena disueltas en leche fría y las dos yemas cocidas, se vuelve a batir y se pone a que dé un hervor hasta que espese. Se retira entonces y, si se desea más fina, y ya fuera del fuego, se puede agregar ahora un vasito de nata líquida y se mezcla bien. Tiene que quedar ligera y cremosa al mismo tiempo. En la sopera en que se va a servir se coloca en el fondo parte de la gallina, no mucha, picadita en trozos muy pequeños, y sobre ella se vierte la crema muy caliente en el último momento.

Crema de verduras

Medio kilo de espinacas   Dos zanahorias grandes
Dos patatas   Un nabo
Dos pencas de acelgas   Media lechuga
Dos huesos de vaca   Dos cascarones de pollo
Aceite de oliva   Sal

En unos dos litros de agua con sal se ponen a cocer los huesos de vaca y los cascarones de pollo. Al rato, se quita con cuidado la espuma que se forma en la superficie. Cuando lleva cociendo una media hora se sacan los huesos y los cascarones, se cuela el caldo, y en él se ponen todas las verduras bien lavadas y picadas. Se echa también un buen chorro de aceite de oliva. Debe cocer con la cacerola tapada hasta que todas las verduras estén tiernas. Entonces se prueba de sal, se rectifica si es necesario y se pasa por el pasapurés (o por una batidora, que deja más fina la crema). Si quedase excesivamente espesa se puede aclarar con un poco de agua. Se sirve muy caliente.

Las ortalizas todas son de poco mantenimiento y quien come, especialmente las verças, acelgas, espinacas con intención que afloxan el vientre, déuelas comer poco cozidas y coma el caldo dellas; y quando quisiere que restrigan, sean mucho cozidas y no coma el su caldo, mayormente si las cuezen en dos aguas, que por eso restriñen más.
ALFONSO CHIRINO (1506)

Crema de tomate

Un kilo de tomates maduros | Una cebolla
Dos dientes de ajo | Dos patatas
Maizena | Leche
Mantequilla | Aceite de oliva
Azúcar | Sal
Pan

Se pican la cebolla y los ajos y se fríen en un poco de aceite, poniendo los ajos un poco más tarde para que no se quemen. Cuando están dorados se echan los tomates bien lavados y partidos en trozos. Todo junto debe freír durante media hora, removiendo de vez en cuando. Una vez bien frito el tomate, se le añaden una cucharada de azúcar y una pizca de sal. Se agregan agua, aproximadamente un litro y medio, y las patatas cortadas en trozos no muy grandes. Tiene que cocer hasta que las patatas estén blandas. Entonces se añaden dos cucharadas de mantequilla y dos cucharadas de maizena disueltas en medio vaso de leche fría, y se pone al fuego de nuevo para que hierva durante unos cinco minutos. Entonces se retira y se pasa por el pasapurés. Se prueba de sal, se rectifica si es necesario y se sirve con unos costrones de pan frito aparte.

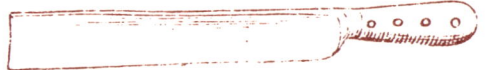

Gazpacho

Dos kilos de tomates
rojos y maduros
Media barra de pan
Tres dientes de ajo pequeños
Aceite de oliva
Mayonesa

Dos pepinos pequeños
Dos pimientos verdes pequeños
Un huevo
Una cebolla
Vinagre
Sal

Se lavan bien los tomates y los pimientos. El pan se pone a remojar en agua. Se apartan, para servirlos picados como guarnición, dos o tres tomates (los más maduros), un pimiento y un pepino. Los demás tomates, el otro pimiento y el otro pepino se pican en trozos medianos y se ponen en un cacharro con el pan remojado y desmenuzado con los dedos, los ajos pelados y picados, un vaso de aceite, dos cucharadas de vinagre, el huevo cascado entero en crudo y sal al gusto. Se mezcla todo bien y se deja reposar durante una hora. Transcurrido ese tiempo, se tritura todo bien con una batidora y a continuación se pasa por un pasapurés fino para eliminar las pieles y las pepitas. Después de pasado se añade una tacita de mayonesa y se vuelve a meter la batidora para que quede bien cremoso. Se mete unas horas a la nevera y se sirve bien frío. Aparte, en una fuente, se ponen en montoncitos separados los tomates, el pimiento y el pepino que hemos reservado, la cebolla y un poco de pan, todo ello muy picado.

Legumbres, patatas y arroces

Entiendo yo que con los garbanzos no se va a ninguna parte, ni llegaremos nunca a feliz término los españoles que no modifiquemos los usos del manjar, convirtiéndolo en plato raro y costoso para no comerle más que tres o cuatro veces al año. ANGEL MURO

Sin saber el porqué, hubo una época en España en que los garbanzos fueron denostados con manifiesta crueldad, achacándoles hasta el atraso cultural que padecíamos. Vibró enardecida toda una política y una literatura enemigas acérrimas del garbanzo, y al cabo del tiempo nos asombra pensar que ciertos escritores y oradores de agria pluma y violenta verborrea arrojasen tanta tinta y tantas palabras contra un alimento tan sencillo y veraz, que en su clase y condiciones hoy ingresó con la palma de lo superlativo en el mundo de la gastronomía. JULIO ESCOBAR

Judías blancas con chorizo y tocino

Tres cuartos de kilo de
judías blancas
Un cuarto de kilo de chorizo
Harina
Aceite de oliva

Un cuarto de kilo de tocino
salado entreverado
Una cebolla
Pimentón dulce
Sal

La noche anterior se ponen en remojo las judías, el chorizo y el tocino enteros. Todo bien escurrido se pone a cocer en agua fría, la suficiente para que lo cubra, con la cacerola tapada y a fuego lento. Se deben vigilar de vez en cuando y, si el caldo se redujera mucho, se añade otro poco de agua fría para que no se queden secas. El tiempo de cocción depende de la clase de las judías, pero oscilará entre una hora y una hora y media. Cuando están ya casi cocidas se añade la sal al gusto. Mientras cuecen las judías se prepara un refrito con la cebolla muy picada. Cuando se ha dorado se le añade una cucharada de harina y media de pimentón dulce, removiendo bien todo en la sartén unos instantes. Se saca el chorizo y el tocino de las judías, se añade a la cacerola el refrito anterior y se deja que todo junto dé un hervor para que espese el caldo. El chorizo y el tocino se incorporan, partidos en trozos, justo antes de servir.

Optimista es el que toma judías con chorizo y no le pasa nada.
RAMON GOMEZ DE LA SERNA

Judías blancas con almejas

Tres cuartos de kilo　　Medio kilo de almejas
de judías blancas　　Una cebolla
Seis dientes de ajo　　Laurel
Harina　　Perejil
Aceite de oliva　　Sal

Las judías deben ponerse a remojo la noche anterior. Se ponen a cocer en una cacerola, en agua fría que las cubra, con media cebolla picada, dos dientes de ajo y una hoja de laurel. Aunque deben cocer tapadas, si se reduce mucho el caldo se añade un poco de agua fría para evitar que se queden secas. El tiempo de cocción depende de la clase de las judías, pero hay que calcular entre una hora y una hora y media. Mientras se cuecen las judías, se ponen las almejas, durante un rato, en agua con bastante sal. A continuación se lavan bien y se ponen al fuego con agua para que se abran. Una vez abiertas, se cuela el agua por un colador en el que se habrá puesto una servilleta de papel, para que no pase la tierra que suelen soltar. Este agua de cocción de las almejas se reserva. Cuando las judías están tiernas, se escurren y se reservan. En una cacerola se pone un vasito de aceite con cuatro dientes de ajo bien picados. Cuando el ajo empieza a dorarse se añaden una cucharada de harina y las almejas, y se rehoga todo junto. A continuación se añade el agua de cocción de las almejas, las judías escurridas, sal al gusto y una cucharada de perejil picado. Se deja hervir todo junto unos momentos, el tiempo necesario para que espese el caldo, pero no mucho para que no se deshagan las judías. Si espesara demasiado se añade un poco de agua fría hasta que estén en su punto de caldosas.

Pochas al natural

Tres cuartos de kilo de   *Una cebolla grande*
pochas (sin vaina)   *Un pimiento verde*
Medio kilo de tomates rojos   *Aceite de oliva*
Sal

L as pochas son las judías frescas, sin secar, que se venden con la vaina. Se pelan y se ponen a cocer en una cacerola, con agua fría que las cubra, junto con la cebolla, el pimiento y los tomates pelados y sin pepitas, todo picado muy menudo. Se les añade asimismo una tacita de buen aceite de oliva y se dejan cocer tapadas y a fuego muy lento. Cuando están casi cocidas se pone la sal al gusto. Las pochas se cuecen enseguida, por lo que hay que tener cuidado de retirarlas cuando estén tiernas pero no deshechas. Si no gustan muy caldosas, se puede espesar un poco el caldo sacando un cacillo de pochas, aplastándolas con un tenedor y volviéndolas a poner con las demás.

No comas judías cuando hayas de andar entre gente de cortesía.
REFRANERO

Judías rojas con arroz

Tres cuartos de kilo   200 gramos de arroz
de judías rojas   Una cebolla
Cuatro dientes de ajo   Medio limón
Laurel   Pimentón
Aceite de oliva   Sal

Las judías se ponen a remojo la víspera una vez bien lavadas, pues se cuecen en el agua en que se han puesto a remojar. Se ponen a cocer con el agua fría que las cubra, dos dientes de ajo y dos hojas de laurel. Deben cocer tapadas y a fuego lento. Hay que vigilarlas de vez en cuando y, si se redujera mucho el caldo, se añade un poco de agua, siempre fría, para que no se queden secas en ningun momento. El tiempo de cocción depende de la clase de las judías, pero oscilará entre una hora y hora y media. Mientras se cuecen las judías, se hace un refrito con la cebolla bien picada; cuando está dorada se añade una cucharada de harina y otra de pimentón. Se rehoga bien durante unos momentos y se aclara con un poco de agua. Este refrito se incorpora a las judías cuando están casi hechas, se sala todo junto y se deja que sigan cociendo hasta que las judías estén bien tiernas. Deben quedar bastante caldosas, pues luego se espesa el plato con el arroz. Aparte se hace el arroz: se pone en una cacerola una tacita de aceite, en el que se fríen dos dientes de ajo partidos en trozos no muy pequeños. Cuando los ajos están dorados se echan el arroz y el agua, caliente y en doble cantidad que el arroz. Se sala, se añade el zumo de medio limón y se cuece durante quince minutos. Se retira del fuego y se deja reposar tapado. El arroz se sirve acompañando a las judías, pero aparte, para que cada uno se lo sirva en la proporción que desee.

Olla podrida burgalesa

Tres cuartos de kilo de judías rojas
Dos patas de cerdo
Medio kilo de costillas de cerdo adobadas
Dos cebollas
Laurel
Pimentón dulce

Dos orejas de cerdo
Medio kilo de chorizo
Medio kilo de tocino entreverado
Medio kilo de morcillas de Burgos
Una cabeza de ajos
Harina
Aceite de oliva

El día anterior se ponen en remojo las judías bien lavadas y, aparte, también todos los ingredientes de cerdo menos la morcilla. Primero se pone a cocer, entero y durante una media hora, todo el cerdo que ha estado en remojo. Aparte, en otra cacerola y con el agua en que se han remojado, hasta que las cubra, se ponen a cocer las judías con unos cascos de cebolla, la cabeza de ajos entera y dos hojas de laurel. Deben cocer con la cacerola tapada y a fuego lento. Cuando están a medio hacer se les añaden el cerdo ya cocido, su caldo y las morcillas, para que cueza todo junto hasta que las judías estén casi hechas. Entonces se saca todo el cerdo y se reserva. Aparte, mientras se cuecen las judías, se hace un refrito con el resto de la cebolla bien picada. Cuando esté dorada se añaden dos cucharadas de harina y una de pimentón, se rehoga todo bien durante unos momentos y se incorpora a las judías. Debe cocer todo junto un poco, hasta que espese el caldo y las judías estén perfectamente tiernas. Como el plato tiene mucha sustancia, no se debe poner sal sin probarlo, pues no suele ser necesaria. Por último, se pone en una cazuela de barro el cerdo partido en trozos, con un poco de caldo de las judías para que no se reseque al calentarlo, y se sirve aparte acompañando a las judías, para que cada uno se sirva lo que desee. Tradicionalmente se toma como plato único, con ensalada de lechuga y cebolla y guindillas verdes en vinagre.

Lentejas con chorizo

Tres cuartos de kilo de lentejas   Un cuarto de kilo de chorizo
Una cebolla   Dos dientes de ajo
Laurel   Harina
Pimentón dulce   Aceite de oliva
Sal

Conviene poner en remojo las lentejas la víspera, pues, aunque son más pequeñas que otras legumbres, se cocerán antes. Se ponen en una cacerola con agua fría que las cubra y con el chorizo, media cebolla, dos hojas de laurel y los ajos. Tienen que cocer, tapadas, entre una hora y una hora y media, según la clase de las lentejas. Un rato después, cuando les falta poco a las lentejas, se hace aparte un refrito con la otra media cebolla picada muy menuda. Cuando está dorada se echa una cucharada de harina y otra de pimentón dulce. Se fríe todo junto durante unos minutos y se incorpora a las lentejas ya cocidas. Se sala al gusto y se deja que hierva durante un par de minutos para que espese el caldo.
Se saca el chorizo, se parte en trozos y se incorpora a las lentejas en el momento de servir.

Si tienes pan y lentejas, ¿por qué te quejas?
REFRANERO

Potaje de vigilia

Tres cuartos de kilo de garbanzos *Un cuarto de kilo de bacalao*
Medio kilo de espinacas *Un huevo*
Una cebolla *Dos dientes de ajo*
Laurel *Harina*
Pimentón dulce *Aceite de oliva*
Sal

L a víspera se ponen los garbanzos en remojo en agua templada con una cucharada de sal y una cucharadita de bicarbonato. Aparte, también la noche anterior, se pone el bacalao a desalar en abundante agua fría. En una cacerola, en agua caliente que los cubra, se ponen a cocer los garbanzos con dos hojas de laurel y los ajos. Tienen que cocer por lo menos dos horas, aunque, como en todas las legumbres, depende mucho de la calidad de los garbanzos. Por lo tanto, es necesario vigilarlos y probarlos de vez en cuando. El bacalao en trozos y las espinacas picadas en trozos no demasiado pequeños se añaden al final —basta con que cuezan unos diez minutos. Al mismo tiempo, se pone a cocer el huevo. Aparte se fríe en un sartén la cebolla muy picada, y cuando empieza a dorarse se añade una cucharada de harina y otra de pimentón. Se fríe todo junto durante unos momentos, removiendo sin parar, y se echa a los garbanzos. Se sala al gusto y se deja que hierva un poco para que espese el caldo. Por último, se pica muy menudo el huevo cocido y se echa al potaje.

Cocido madrileño

Tres cuartos de kilo de garbanzos
Dos huesos de caña
Un cuarto de kilo de tocino
salado entreverado
Un repollo mediano
Cuatro patatas
Tres pimientos rojos
Dos zanahorias
Una cebolla
Ajos
Pimentón dulce

Medio kilo de morcillo de vaca
Una pechuga de gallina
Un cuarto de kilo de chorizo
Una morcilla de Burgos
300 gramos de judías blancas
Dos huevos
100 gramos de fideos finos
Un puerro
Salsa de tomate
Pan rallado
Aceite de oliva

Sal

L a víspera se ponen los garbanzos en remojo en agua templada con una cucharada de sal y una cucharadita de bicarbonato. Las judías blancas también se ponen en remojo, en agua fría, la noche anterior. Los huesos, la carne, la gallina, el chorizo y el tocino se lavan bien y se dejan en agua un rato antes de cocerlos. En una olla, con agua fría que los cubra, se ponen a cocer todos estos ingredientes, después de haber apartado un trozo de carne y un trozo de tocino de aproximadamente cincuenta gramos cada uno. Cuando lleva unos minutos cociendo se quita la espuma que se ha formado en la superficie, y se deja que siga cociendo. Mientras, se va preparando el relleno. Se pican, muy menudos, el tocino y la carne que se habían reservado, se baten dos huevos y se les añade un diente de ajo y perejil picados y dos cucharadas de pan rallado. Se mezcla todo muy bien y se le da forma cilíndrica con la ayuda de pan rallado. Se fríe en una sartén hasta que esté dorado por todos los lados. Al cabo de una media hora, se saca de la olla la mitad del caldo, que se reservará, se añaden los garbanzos y se completa el caldo con agua caliente. Deben seguir cociendo, a fuego lento y con la olla tapada, un mínimo de una hora y media. Hay que vigilar de vez en cuando para que no se reduzca demasiado el caldo, pues los garbanzos deben estar siempre cubiertos. Si hay que añadir agua, que sea muy caliente y poco a poco, para que no deje de hervir en ningún momento. Cuando los garbanzos están ya un poco blandos, se añaden el puerro, las zanahorias, la morcilla y el relleno. Alrededor de un cuarto de hora después, se agregan las patatas peladas y en trozos grandes, para que cueza todo junto otros veinte minutos más. El tiempo de cocción depende de la calidad de los garbanzos, y es posible que haya que dejarlo cocer un poco más hasta que estén bien blandos, pero sin que se deshagan. Aparte, se pica el repollo y se cuece en agua con sal. Cuando está cocido se saltea en una sartén con una tacita de aceite, un par de dientes de ajo y una cucharadita de pimentón. Las judías blancas se cuecen en agua fría con un diente de ajo, media cebolla y una hoja de laurel. Se hace un refrito con la otra mitad de la cebolla picada y media cucharada de harina. Cuando las judías están cocidas, se añade el refrito, se sazona y se deja que den un hervor para que espese el caldo. Por otro lado, se asan los pimientos rojos en la placa del horno, se pelan y se cortan en tiras. Se cuecen durante cinco minutos en un poco de agua con un diente de ajo picado, un chorrito de aceite, una cucharadita de azúcar y sal al gusto. Para hacer la sopa, cuando los garbanzos están cocidos se saca el caldo y se une al que se había reservado. En este caldo se cuecen los fideos durante diez o quince minutos. Después de la sopa, se sirven en una fuente los garbanzos y las patatas junto con la carne, la gallina, los tuétanos de los huesos y la morcilla, todo en trozos. En una cazuela de barro se sirven el repollo, el chorizo y el tocino, también troceados, con rodajas de zanahoria cocida como adorno. Aparte se sirven las judías blancas, los pimientos rojos y una salsera con el tomate frito.

Ropa vieja

Es un plato de aprovechamiento de las sobras de cocido madrileño, por lo que no se pueden dar cantidades exactas. Se hace al día siguiente o a los dos días de haber hecho cocido. En una sartén se pone aceite que cubra el fondo. Cuando está caliente se echa una cebolla picada menuda y se fríe hasta que se empiece a dorar. Entonces se añaden los garbanzos bien escurridos, que se dejan freír, removiendo de vez en cuando, hasta que se doren con la cebolla. A continuación se añaden el chorizo y el tocino, partidos en trozos pequeños, se saltea todo junto y se sirve bien caliente.

Patatas con chorizo

Un kilo y medio de patatas   *Un cuarto de kilo de chorizo*
Una cebolla   *Un pimiento verde pequeño*
Guindilla   *Pimentón dulce*
Aceite de oliva   *Sal*

En una cacerola se pone a calentar una tacita de aceite. Cuando está caliente se echan la cebolla y el pimiento bien picados, y se deja freír hasta que se doren. Entonces se añaden el chorizo, que no debe estar muy curado, en rodajas finas, las patatas cascadas (no se hace el corte completo: se mete el cuchillo hasta la mitad de la patata y se tira) y una cucharada de pimentón. Se saltea bien todo junto y se añade agua hasta que las cubra. Se pone sal y guindilla al gusto y se deja hervir hasta que las patatas estén bien cocidas, pero con cuidado de que no se deshagan.

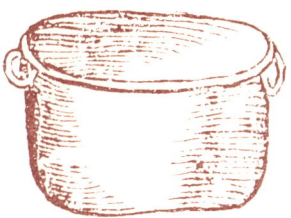

¡Diciembre de patatas con chorizo, tiernas y maternales para el frío invernal!
VICTOR DE LA SERNA

Patatas con costillas

Un kilo y medio de patatas
Medio kilo de costillas de
cerdo adobadas

Una cebolla
Pimentón dulce
Aceite de oliva
Sal

En una cacerola se pone a calentar una tacita de aceite. Cuando está caliente se echan las costillas partidas en trozos pequeños, se saltean bien y se cubren de agua para que cuezan. Tienen que cocer aproximadamente una media hora antes de incorporar las patatas. Mientras, y en otra cacerola, se hace un refrito con la cebolla bien picada. Cuando se ha dorado se añaden las patatas cascadas (se mete el cuchillo hasta la mitad de la patata y se tira para "arrancar" el trozo) y media cucharada de pimentón. Se saltea bien todo junto. Se añaden las costillas y, como el agua que tienen no será suficiente, se añade un poco más hasta que cubra bien las patatas. Se deja hervir todo junto hasta que estén blandas las costillas y las patatas. Se prueba y se sala al gusto poco antes de servir.

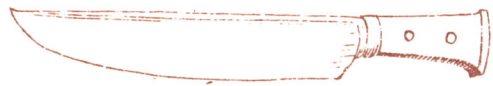

Patatas con níscalos

Un kilo de patatas   *Medio kilo de níscalos*
Cinco dientes de ajo   *Vino blanco*
Guindilla roja seca   *Perejil*
Aceite de oliva   *Sal*

Se lavan muy bien los níscalos, en varias aguas y al chorro suave, hasta que no tengan nada de tierra, y se pican en trozos no muy grandes. Se pone en una sartén una tacita de aceite con los ajos picados. Cuando empiezan a dorarse se echan los níscalos y se saltean bien. Se añade entonces un vasito de vino blanco y se sube el fuego para que se reduzca. Aparte se ponen en una cacerola las patatas cascadas (se mete el cuchillo hasta la mitad de la patata y se tira para "arrancar" el trozo), se añaden los níscalos salteados y se cubre de agua. Deben cocer hasta que las patatas estén bien blandas, pero no deshechas. Poco antes de acabar de cocer se añade perejil picado y sal y guindilla al gusto.

Véase también, en la página 137, la receta de las PATATAS CON BACALAO.

Patatas en salsa verde con chirlas

Un kilo y medio de patatas   Medio kilo de chirlas
Cinco dientes de ajo   Perejil
Aceite de oliva   Sal

P rimero se ponen las chirlas en agua fría con sal, durante una hora como mínimo, para que suelten la tierra. Después se escurren, se lavan al chorro y se ponen a cocer con bastante agua limpia. Se retiran cuando están todas bien abiertas y se cuela el agua poniendo en el colador un paño fino o una servilleta de papel para que no pase la tierra que sueltan. Se les quita la concha que está vacía y se dejan en el agua de cocción. Se pelan las patatas y se cortan como si fuera para freír a la española (es decir, a lo largo) pero un poco más gruesas. En una cacerola se pone una tacita de aceite con los ajos bien picados. Cuando empiezan a dorarse se añaden las patatas y se saltea bien todo junto. A continuación se añaden las chirlas con su agua, se prueba de sal y se deja cocer hasta que las patatas están blandas, pero no deshechas. Un poco antes de retirarlas se echa bastante perejil picado muy menudo.

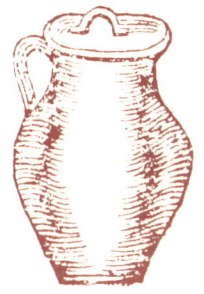

Patatas con bonito o marmitako

Un kilo y medio de patatas
Una cebolla grande
Medio kilo de tomates maduros
Tres pimientos rojos riojanos
Guindilla

Medio kilo de bonito fresco
Un pimiento verde pequeño
Tres dientes de ajo
Coñac
Aceite de oliva

Sal

Tras calentar dos tacitas de aceite en una cacerola se echan la cebolla, un poco después el pimiento verde y por último los ajos, todo picado muy menudo. Se dejan freír bien y, cuando se han dorado, se añade el tomate pelado, despepitado y picado. Una vez hecho el tomate se añaden las patatas cascadas (se mete el cuchillo hasta la mitad de la patata y se tira, para "arrancar" el trozo), una copa de coñac y los pimientos secos, a los que se habrán quitado previamente las pepitas. Se rehoga un momento y se cubre de agua para que cueza todo junto. Mientras cuecen las patatas, se limpia el bonito quitándole la piel y las espinas. Cuando la patata está casi cocida se añade el bonito cortado en trozos no muy grandes, y se echa sal y guindilla al gusto. A continuación, se sacan los pimientos secos, que estarán bien cocidos, y se raspa la carne con un cuchillo para separarla de la piel e incorporarla de nuevo al guiso. Además de mucho sabor, los pimientos secos le dan al plato su color característico. Tiene que quedar caldoso, y si es necesario se añade un poco más de agua antes de retirarlo.

El "marmitako", a base de bonito y patatas, es una de las cosas mejores que se han inventado en la cocina marinera.
NESTOR LUJAN

66

Patatas viudas

Un kilo y tres cuartos de patatas *Una cebolla grande*
Cuatro o cinco dientes de ajo *Laurel*
Pimienta negra *Aceite de oliva*
Vinagre *Sal*

Una vez peladas y bien limpias, se cascan las patatas metiendo el cuchillo hasta la mitad y tirando para arrancar los trozos. Se ponen en una cacerola con la cebolla cortada en juliana fina, los dientes de ajo pelados pero enteros, dos hojas de laurel, unos granos de pimienta y una tacita de aceite de oliva, todo en crudo. Se cubre con agua y se deja cocer, a fuego lento, con la cacerola tapada. Cuando están casi cocidas, se añaden tres cucharadas de vinagre —que, por la sencillez de la receta, debe ser de calidad, con fuerte aroma— y sal al gusto, y se deja que terminen de hacerse. Si no gustan muy caldosas, se puede prolongar un poco más la cocción para que se deshagan algo y espese el caldo, o incluso sacar algunos trozos y reducirlos con un tenedor a una pasta fina que se incorpora de nuevo al guiso.

Patatas con bacalao, con arroz y un pimiento, con piltrafas de carne, con tocino, o con ellas mismas, que son las llamadas patatas viudas.
JULIO ESCOBAR

Patatas a la importancia

Un kilo y medio de patatas
Una cebolla
Salsa de tomate
Harina y huevos para rebozar

50 gramos de almendras
Dos dientes de ajo
Perejil
Aceite de oliva

Sal

S e ponen a cocer, en agua con sal, las patatas enteras y sin pelar. Mientras, se tuestan las almendras en la placa del horno. Cuando están a medio cocer se sacan, se pelan y se cortan en rodajas gruesas, como de un dedo de grosor. Se pone bastante aceite en una sartén, se rebozan las patatas en harina y huevo batido, se fríen suavemente, para que no se queme el aceite, y se van poniendo en una cazuela de barro. En ese mismo aceite, pero quitando un poco, se hace un refrito con la cebolla, luego los ajos y por último un poco de perejil, todo picado muy menudo. Cuando se ha dorado bien, se añaden tres cucharadas de salsa de tomate y las almendras machacadas, y se rehoga todo junto durante unos segundos. Se echa un vaso de agua para que dé un hervor en la sartén y se pone toda la salsa sobre las patatas.

Se tapa la cazuela y se deja cocer a fuego lento hasta que las patatas están bien blandas. Si la salsa quedase muy espesa se puede añadir un poco de agua durante la última cocción.

Pastel de patata

Un kilo de patatas   *Tres huevos*
Leche   *Salsa de tomate*
Mantequilla   *Harina*
Pan rallado   *Sal*

Se pelan y limpian bien las patatas y se ponen a cocer en agua con sal. Una vez cocidas, se escurren y se pasan por el pasapurés fino. A este puré se le echan los tres huevos enteros —batiendo bien hasta que queden incorporados por completo—, una cucharada de mantequilla blanda y una pizca de sal. Se mezcla todo bien y se pone en un molde de unos 20 cm de diámetro, untado con un poco de mantequilla y espolvoreado después con pan rallado. Se cuece en el horno, previamente calentado a fuego medio. Mientras se hace, se prepara una bechamel con dos cucharadas de harina, medio litro de leche, una cucharada de mantequilla y sal. Cuando se vea que el pastel ha subido y está dorado —entre media hora y tres cuartos—, se desmolda en una fuente y se sirve caliente. Se acompaña de dos salseras, una con la bechamel y otra con salsa de tomate, para que cada cual se sirva a su gusto.

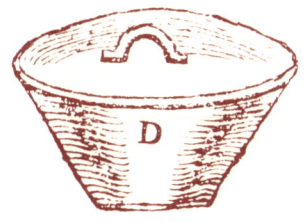

Arroz con verduras

Medio kilo de arroz
Un cuarto de kilo de judías verdes
Tres alcachofas grandes o
seis pequeñas
Tres dientes de ajo
Perejil

Dos puerros
Medio kilo de guisantes
Dos tomates maduros
Dos zanahorias pequeñas
Aceite de oliva
Sal

Este arroz admite toda clase de verduras de temporada, y algunas de las que se indican se pueden sustituir, cuando no es época, por otras, como coles de Bruselas, pencas de acelga, etc. En una cazuela plana, de barro o porcelana, se pone a calentar un cacillo de aceite. Cuando está caliente se echan los puerros lavados, pelados y cortados en rodajas finas, y un poco después los ajos picados muy menudos. Cuando empiezan a dorarse se agregan los tomates pelados, despepitados y picados, y se fríe todo junto durante unos cinco minutos. Mientras se limpian bien las judías, quitándoles las hebras, se lavan y se cortan en trozos pequeños. Se preparan las zanahorias, pelándolas y cortándolas en rodajas finas. Las alcachofas se limpian quitándoles las hojas exteriores y el heno, frotándolas con limón para que no se pongan negras, y se parten verticalmente en cuatro trozos. Una vez limpias todas las verduras, se escurren y se añaden al refrito de los puerros y los ajos, y se rehoga bien todo junto. Se mide el arroz por tacitas o cacillos, y lo mismo el agua, a razón de doble cantidad que de arroz. Se añade el agua a las verduras, junto con un poco de sal y el perejil picado. Cuando empieza a hervir de nuevo se echa el arroz y se deja cocer a fuego lento quince minutos. Se retira y se deja reposar unos minutos antes de servir.

Arroz en salsa verde

Medio kilo de arroz
Tres cuartos de kilo de
almejas o chirlas
Aceite de oliva

Cinco dientes de ajo
Limón
Perejil
Sal

Se ponen las almejas en agua fría con un puñado de sal durante un rato. Después se escurren, se lavan al chorro y se ponen a hervir en agua fría abundante, para que se abran. Cuando están todas abiertas, se retiran del fuego y se cuela el caldo de cocerlas por un colador con un paño fino o papel de cocina a modo de filtro, para quitar la tierra que han soltado las almejas. El caldo se reserva. En una cazuela de barro plana se pone a calentar un cacillo de aceite, y cuando está caliente se le añaden los ajos bien picados, retirándolos inmediatamente para que no se pongan oscuros. A las almejas, ya abiertas, se les quita la concha vacía, se añaden a los ajos, se pone también el arroz y se rehoga todo junto durante unos momentos. El arroz se mide por cacillos o tacitas, para poner el doble de agua. Se mide el caldo de cocer las almejas y, si no llega al doble del arroz, se completa con agua. Se echa el caldo al arroz, se sala al gusto y se pone a fuego fuerte. Cuando empieza a hervir el arroz se le añade bastante perejil picado fino y el zumo de medio limón. Enseguida se baja el fuego y se deja cocer a fuego lento hasta que en total haya cocido quince minutos. Entonces se retira y se deja reposar tapado. También se puede meter a horno suave los últimos cinco minutos de la cocción, pues, si no se tiene un fuego adecuado, en el horno cuece más por igual.

Arroz de bacalao

Medio kilo de arroz
Un cuarto de kilo
de bacalao salado
Aceite de oliva
Sal

Cuatro dientes de ajo
Un pimiento verde pequeño
Dos tomates maduros
Perejil

Después de tenerlo en remojo durante cuarenta y ocho horas, se escurre el bacalao y se pone al fuego en una cacerola con agua abundante. En cuanto da el primer hervor se retira y se saca el bacalao, que se limpia bien de espinas y pieles y se desmenuza en trozos pequeños. El caldo se cuela y se reserva. En una cazuela de barro plana se pone a calentar un cacillo de aceite con el pimiento picado menudo. Al poco tiempo se añaden los ajos, también muy picaditos. Cuando están dorados se añaden los tomates pelados, despepitados y picados, se fríe todo durante unos minutos y después se echa el bacalao para saltearlo bien todo junto. Cuando todo está hecho se pone el caldo de haber hervido el bacalao, midiéndolo en cacillos o tacitas hasta el doble de la cantidad de arroz. Si no hay caldo suficiente, se completa con agua caliente. Cuando vuelve a hervir se añaden el arroz, sal al gusto y perejil picado. Una vez que ha cocido por igual durante quince minutos, se retira y se deja reposar tapado.

Hay una gramínea, el arroz, que en ningún país del mundo se entiende y se prepara como aquí. En Francia el arroz sabe a agua chirle.
EMILIA PARDO BAZAN

Paella castellana

Cuatro salchichas de carnicería blancas y cuatro rojas
Un chorizo pequeño poco curado
Cuatro dientes de ajo
Aceite de oliva
Un cuarto de kilo de magro de cerdo
50 gramos de jamón serrano
Medio kilo de arroz
Salsa de tomate
Sal

En una paellera o en una cazuela de barro plana se pone aceite (poco porque los ingredientes de cerdo sueltan mucha grasa) con los ajos picados. Cuando empiezan a dorarse se añaden las salchichas, el magro, el jamón y el chorizo, todo cortado en trozos pequeños. Se saltea bien y cuando están fritos se echan un cacillo de salsa de tomate y el agua. Esta se mide en tacitas o cacillos a razón del doble de medidas de agua que de arroz. No se echa la sal hasta que el cerdo ha cocido un poco con el caldo, ya que los embutidos y el jamón serrano lo ponen bastante sabroso. Se deja que cueza unos minutos, se añade el arroz, se mueve bien con una cuchara de madera y se deja que hierva por igual, a fuego lento, durante quince minutos. Entonces se retira y se deja reposar tapado unos diez minutos más antes de servir.

Verduras

Menestra de verduras

Medio kilo de judías verdes
Medio kilo de acelgas
Medio kilo de alcachofas
Dos zanahorias grandes
Dos tomates maduros
100 gramos de jamón serrano
Aceite de oliva

Medio kilo de guisantes
Medio kilo de espinacas
Una coliflor pequeña
Dos puerros
Dos patatas medianas
Cuatro huevos
Sal

Se limpian y lavan bien todas las verduras. En una cacerola se pone una taza de aceite. Cuando está caliente se echan los puerros picados en juliana fina y se fríen hasta que empiezan a dorarse. A continuación se añaden los tomates pelados, despepitados y picados, y se fríen durante unos minutos. Después se agregan las zanahorias en rodajas, las judías verdes cortadas en trozos pequeños y los guisantes pelados. Se añade también el jamón picado menudo y se saltea todo junto. Una vez bien salteado, se añade un poco de agua, la suficiente para que se cuezan las verduras pero no queden caldosas, y sal al gusto. Aparte se cuecen por separado las acelgas (sólo las pencas), las alcachofas sin las hojas exteriores y frotadas con limón, la coliflor y las espinacas. Cuando están tiernas, se escurren bien, y las alcachofas y la coliflor se parten en trozos como de bocado. Con las espinacas se hacen una especie de bollitos con la mano, apretándolos bien. Todo ello, alcachofas, coliflor y espinacas, se reboza con harina y dos huevos batidos. Según se van dorando se van colocando sobre el resto de las verduras, que ya estarán cocidas, para que dé un hervor todo junto. Por último, se cuecen los otros dos huevos, se cortan en cuatro trozos y se ponen encima de la menestra.

Judías verdes en su jugo

Un kilo y medio de judías verdes
Tres cuartos de kilo de
tomates maduros
Sal

Dos cebollas grandes
Dos patatas
Aceite de oliva

P ara preparar las judías, se quitan las hebras laterales, se cortan a lo largo, se sacan las semillas gruesas y se cortan en trozos no demasiado largos. Se dejan en agua unos minutos. Se pelan los tomates, escaldándolos previamente para que se separe la piel con facilidad, y se despepitan. En una cacerola, se cubre el fondo con cebolla muy picada, se pone encima una capa de tomate bien picado y, por último, otra capa de judías verdes. Se rocían con aceite de oliva y un poco de sal. Se repite esta operación, volviendo a poner una capa de cebolla, otra de tomate y otra de judías, así hasta que se terminen las verduras. Por último, se echa un chorro de aceite y un poco más de sal. Se ponen a hacer a fuego muy lento y con la cacerola tapada. Según la clase de las judías y la fuerza del fuego, es posible que se queden secas antes de que estén tiernas. Deben por tanto vigilarse de vez en cuando y, en caso necesario, añadir un poco de agua. Justo antes de servirlas, se fríen las patatas cortadas en dados pequeños y se echan por encima.

Alcachofas con almejas

Dos kilos y medio de alcachofas   Medio kilo de almejas
Cinco dientes de ajo   Un limón
Harina   Aceite de oliva
Perejil   Sal

En primer lugar, se ponen las almejas en agua fría con un puñado de sal, para que suelten la tierra. Se limpian las alcachofas, quitando generosamente las hojas exteriores, y se ponen a cocer en agua hirviendo con el zumo de limón y un poco de sal. Cuando están a medio cocer, es decir, no tiernas todavía, se retiran, se escurren y se reservan. Entonces se escurren las almejas, se lavan bien al chorro y se ponen a cocer en agua limpia que las cubra, para que se abran. Cuando se han abierto todas, se cuelan poniendo en el colador una servilleta de papel o papel de cocina con objeto de que el caldo, que se reserva para hacer la salsa, no tenga tierra. En una cacerola se ponen a freír los ajos picados en un poco de aceite. Cuando empiezan a dorarse, se añaden dos cucharadas rasas de harina, se sofríe un poco y a continuación se echa el caldo de cocer las almejas. Las alcachofas, partidas por la mitad o en cuatro trozos, se añaden cuando el caldo empieza a hervir. Después se añaden las almejas, con una concha solamente, y bastante perejil. Se deja que cueza todo junto hasta que las alcachofas estén cocidas y la salsa espesa, teniendo cuidado de que no se agarre. Se prueba y se sala al gusto. A este plato se pueden añadir, si se quiere, unas patatas en rodajas, poniéndolas a cocer en la salsa un poco antes de añadir las alcachofas.

Guisantes con huevos escalfados

Dos kilos de guisantes naturales   Una cebolla
Dos tomates maduros   Dos dientes de ajo
Dos lonchas de jamón serrano   Dos patatas
Huevos   Harina
Aceite de oliva   Perejil
Sal

S e pone a freír la cebolla picada menuda en una tacita de aceite. Cuando empieza a dorarse se añaden el ajo y después los tomates pelados, despepitados y picados, y se deja que se fría todo junto. Cuando todo está hecho se incorpora el jamón picado en trocitos pequeños, una cucharada de harina y el perejil menudo. Se saltea un poco y se junta con los guisantes pelados y lavados. Se pone sal y agua hasta que los cubra y se dejan cocer. El tiempo de cocción dependerá de la calidad de los guisantes. Cuando están tiernos, se ponen en un cacharro que pueda meterse al horno (uno grande o varios individuales), se cascan los huevos, uno por persona, y se escalfan a horno fuerte hasta que se cuajan al gusto. En el último momento se ponen por encima las patatas fritas en cuadraditos. Cuando no es temporada de guisantes, este plato se puede hacer también con guisantes de lata (de un kilo). En ese caso no deben cocer. Se pone menos agua y basta con que den un hervor con la salsa.

Espárragos verdes guisados

Dos manojos de espárragos verdes   Tres dientes de ajo
Dos rebanadas de pan   Pimentón dulce
Vinagre   Aceite de oliva
Sal

Se quita la parte dura de los espárragos cascándolos con la mano, se cortan en trozos pequeños, se lavan bien y se escurren. Aparte se ponen a freír en una taza de aceite los dientes de ajo pelados pero enteros y las dos rebanadas de pan. Se van sacando a medida que se doran. Se ponen en el mortero, se moja el pan frito con el vinagre y se machaca bien junto con los ajos. Se reserva. En el mismo aceite se saltean los espárragos junto con una cucharadita de pimentón dulce. Cuando están bien salteados, se incorpora el contenido del mortero, se cubre con agua, se pone sal y se deja que cueza todo junto hasta que los espárragos estén tiernos. Se cuecen en poco tiempo, pero hay que cuidar de que no se agarren, pues el pan espesa bastante la salsa. Si se consumiera demasiado el caldo se puede añadir un poco de agua mientras están cociendo. Este plato se puede completar escalfando un huevo por persona cuando los espárragos están hechos. Ello puede hacerse en un cacharro grande o en cazuelitas individuales, que se meten al horno hasta que el huevo está cuajado al gusto de cada cual.

Son los espárragos, cocidos con sal, aceite y vinagre, comidos, muy gratos al gusto, mas dan poco, y mal sustento. Despiertan el apetito, tienen virtud de calentar, y de barrer, y limpiar los riñones, y de mover la orina, sufren muy breve cocimiento: por lo cual Druso siempre que quería significar haberse de hacer alguna cosa en brevísimo tiempo decía: Harase más presto que se cuezan los espárragos: de adonde vino a quedar con autoridad de adagio.

JUAN SORAPAN DE RIEROS (1616)

Habas guisadas

Dos kilos y medio de habas frescas
Cien gramos de jamón
serrano entreverado
Aceite de oliva

Una cebolla
Dos dientes de ajo
Harina
Perejil

Sal

Se pelan las habas y, si son muy grandes, se quita también la piel gruesa que las recubre. En una cacerola se pone a calentar agua con sal. Cuando hierve, se van echando las habas poco a poco para evitar que el agua deje de hervir. Se dejan cocer hasta que estén tiernas, se escurren, reservando un poco de caldo para hacer la salsa, y se ponen en una cazuela de barro. Aparte, se fríen en una sartén, con una tacita de aceite, la cebolla y los ajos, todo picado muy menudo. Cuando empiezan a dorarse se añade el jamón cortado en cuadraditos pequeños, se fríe durante unos minutos y se añade una cucharada de harina. Se deja que se haga un poco, revolviendo sin parar, y por último se incorporan dos cacillos del caldo que se ha reservado.

Cuando hierve se retira y se vierte sobre las habas. Se ponen de nuevo a calentar las habas con la salsa hasta que dé un hervor.

Antes de servir se espolvorean con perejil picado muy menudo.

Lechugas braseadas

Seis lechugas pequeñas　*Una cebolla*
Seis patatas pequeñas　*Aceite de oliva*
Pimienta　*Sal*

Se quitan las hojas exteriores de las lechugas y se lavan bien. En una fuente para horno se ponen una tacita de aceite y la cebolla cortada en juliana, y encima se colocan las lechugas partidas por la mitad a lo largo. Se espolvorean con sal y pimienta molida, se mojan con un buen chorro de aceite y se meten al horno a temperatura media. De vez en cuando se les da la vuelta y se riegan con el aceite y el jugo que van soltando.

Mientras, se cuecen las patatas en agua con sal. Cuando las lechugas están tiernas y han tomado un bonito color dorado, se sacan del horno y se sirven acompañadas de las patatas hervidas.

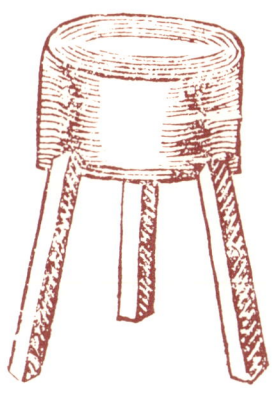

Pencas de acelgas en salsa

Dos kilos de acelgas   *100 gramos de almendras*
Una cebolla   *Harina*
Vino blanco   *Huevos*
Aceite de oliva   *Sal*

Se deben elegir unas acelgas que tengan las pencas bien hermosas y blancas. Se lavan bien, se quitan las hebras y se separan las pencas de las hojas verdes. Ambas cosas, hojas y pencas, se ponen a cocer enteras en bastante agua con sal y un chorro de aceite crudo. Mientras, se tuestan las almendras en la placa del horno. Cuando las acelgas han cocido durante unos cinco minutos, se escurren bien y se parten las pencas en dos si son demasiado largas. Se rebozan las pencas con harina y huevo batido y se fríen en una sartén con aceite bien caliente. Cuando están doradas se sacan y se van poniendo en una cazuela de barro plana. Con las hojas verdes cocidas se forman unas bolitas con la ayuda de harina. También se rebozan con harina y huevo y se fríen. Una vez doradas, se sacan y se colocan alrededor de las pencas. En el aceite en que se han rebozado las acelgas, si no está muy oscuro, o en aceite nuevo se pone a freír la cebolla picada muy menuda. Cuando está dorada se añade media cucharada de harina, se fríe un poco todo junto y se echa un vaso de vino blanco. Debe cocer todo junto unos minutos y, cuando empieza a espesar, se añaden las almendras trituradas, se sala al gusto y se echa sobre las acelgas. Se deja que éstas den un hervor junto con la salsa. La salsa tiene que quedar ligada pero no espesa, por lo que, si es necesario, se puede añadir un poco de agua o caldo.

De un cólico de acelgas nunca murió rey ni reina.
REFRANERO

Acelgas rehogadas con huevos

Dos kilos de acelgas   Dos huevos
Dos dientes de ajo   Aceite de oliva
Sal

S e limpian bien las acelgas, quitándoles las hebras y la parte más lacia de las hojas. Se lavan bien, se pican y se ponen a cocer en agua con sal. Cuando están cocidas (pero no demasiado blandas), se escurren bien y se reservan. Aparte, en una cazuela de barro, se ponen a freír en un buen aceite los ajos cortados en rodajas finas. Cuando están dorados se añaden las acelgas y se rehogan bien. A continuación se incorporan los huevos batidos. Se remueve inmediatamente para que el huevo se distribuya bien por todas las acelgas y se retira enseguida a fin de que no se cuaje demasiado. Se prueban de sal, se rectifican si es necesario y se sirven bien calientes.

Pisto

Dos calabacines grandes
Un pimiento verde grande
Un kilo y medio de tomates
rojos maduros

Dos cebollas
Aceite de oliva
Azúcar
Sal

En una sartén grande o en una cacerola se pone a calentar una taza de aceite. Cuando está caliente, se fríen la cebolla y el pimiento picados muy menudos, a fuego lento, hasta que la cebolla esté transparente y el pimiento blando. Se añaden entonces los calabacines pelados y picados en trozos un poco más grandes que la cebolla, se deja que se haga todo junto lentamente durante unos minutos, y se retira del fuego. Entonces, se pelan los tomates, escaldándolos previamente para que sea más fácil, se despepitan, se pican y se ponen a freír en otra cacerola con un vasito de aceite bien caliente, sal al gusto y una cucharada de azúcar. Cuando está a medio hacer se junta con los calabacines, el pimiento y la cebolla y se deja cocer todo junto durante una media hora aproximadamente, a fuego muy lento, removiendo cada poco tiempo para que no se agarre. Se prueba y se rectifica de sal y azúcar. La clave de este guiso es que se haga lentamente y quede bien cocido. Se sirve adornado con triángulos de pan frito. Se puede servir también con huevos, cuajados en el horno sobre una base de pisto o revueltos en el pisto muy caliente.

Tomates y pimientos, buenos amigos, y siempre revueltos.
REFRANERO

Berza a la burgalesa

Una berza (de dos a tres kilos) Dos patatas grandes
Tres dientes de ajo Pimentón dulce
Aceite de oliva Pimienta negra
Vinagre Sal

Este plato se prepara con la variedad de berza que se denomina "de hoja de cántaro", que es alta, de tronco grueso y hojas verdes y robustas. Si no se encuentra, puede hacerse también con la col o repollo común, de forma redondeada y color más amarillo, o incluso con lombarda. Se lava bien la berza y se pica toda ella en trozos pequeños. Se cuece en abundante agua con sal al mismo tiempo que las patatas cortadas en cuadrados. Una vez tierna, se escurre bien y se reserva en una cazuela de barro. Aparte se fríen en una sartén los ajos cortados en rodajas finas. Cuando están dorados, se retira la sartén del fuego y se añade el pimentón, revolviéndolo bien para que no se ponga negro. Este sofrito se echa sobre la berza y se saltea durante unos minutos. Se acompaña en la mesa, para que cada uno se sirva a su gusto, con pimienta negra molida y vinagre.

Coliflor con bechamel

Una coliflor grande *Tres patatas*
Tres huevos *Mantequilla*
Dos tazas grandes de salsa *50 gramos de queso*
bechamel clara *Gruyère rallado*
Harina *Sal*

S e lava bien la coliflor cortada en trozos y se pone a cocer en una cacerola con bastante agua. Se deja que cueza durante unos minutos, se escurre y se vuelve a poner en el fuego con agua limpia, sal, una cucharada de harina y las patatas enteras peladas. Se desecha el agua de la primera cocción para que la coliflor pierda fuerza y no resulte indigesta. La harina es para que la coliflor quede más blanca y desprenda menos olor al cocerla. Aparte, en un cazo, se cuecen los huevos y se reservan. Cuando la coliflor está blanda, se escurre y se pone en una fuente de horno untada con mantequilla o aceite junto con las patatas y los huevos cocidos partidos en rodajas. Se cubre con la bechamel, se espolvorea el queso rallado y se pone un poco de mantequilla por encima. Se gratina en el horno y se sirve inmediatamente.

Coliflor al ajo arriero

Una coliflor grande	Seis dientes de ajo
Aceite de oliva	Pimentón dulce
Vinagre	Guindilla seca
Harina	Sal

Se cuece la coliflor como se indica en la receta anterior. Cuando está cocida se escurre y se coloca bien extendida en una cazuela de barro. Aparte, en una sartén con una taza de aceite, se ponen a freír los ajos cortados en rodajas finas. Cuando están dorados se retira la sartén del fuego y se añade una cucharada de pimentón, revolviendo bien para que no se ponga negro, y la guindilla al gusto. Por último, cuando se ha enfriado un poco el aceite se añade el vinagre, se mezcla bien y se echa por encima de la coliflor. Antes de servir se pone al fuego y se saltea durante unos minutos para que se caliente bien.

... tengo la grandísima felicidad de poder informar a mis lectores de una buena noticia, a saber: que mesas regaladas distan mucho de perjudicar la salud, y que en igualdad de circunstancias los gastrónomos viven más tiempo que nadie. Esto se ha demostrado matemáticamente en una Memoria muy bien escrita, leída no hace mucho en la Asamblea de Ciencias por el doctor Villermet.

BRILLAT-SAVARIN

Cardo con almendras

Un cardo grande *200 gramos de almendras crudas*
Tres dientes de ajo *Dos limones*
Nata líquida *Harina*
Mantequilla *Sal*

S e limpia muy bien el cardo, quitándole todas las hebras que se pueda, se corta en trozos pequeños y se lava en un cacharro con agua y el zumo de un limón. Se cuece en agua abundante, con sal, una cucharada de harina, otra de mantequilla y el zumo de un limón (cuidando de que no caigan pipos, que amargarían). El cardo es bastante duro, y debe cocer despacio durante bastante tiempo, alrededor de una hora y media. Una vez tierno, se escurre, apartando un poco del caldo, se pone en una cazuela de barro y se reserva. Aparte se fríen en una sartén los ajos picados muy menudos. Cuando están dorados se echan con el aceite sobre el cardo, se añade también un vasito de nata líquida y se espolvorean las almendras molidas. Se moja con un cacillo del caldo de cocerlo, y todo junto debe dar un hervor para que espese la salsa. Se sirve en la misma cazuela.

Níscalos guisados

Un kilo de níscalos   Cinco dientes de ajo
Pan rallado   Jerez seco
Perejil   Aceite de oliva
Sal

Se lavan bien los níscalos hasta que no tengan nada de tierra. Se escurren y se parten en trozos no muy pequeños, ya que al hacerse se reducirán mucho. En una sartén con muy poco aceite se saltean a fuego vivo para que suelten el agua que tienen. Se sacan con una espumadera para escurrirlos. Aparte, en otra sartén, se fríen en una tacita de aceite los ajos muy picados. Cuando empiezan a dorarse se añaden los níscalos. Se fríen bien y se añaden dos cucharadas de pan rallado, se rehogan y se agrega un vasito de jerez seco. Se deja que cuezan unos minutos y se sirven espolvoreados con perejil picado.

Y los rellenos...

Repare vuesa merced en este relleno, porque es lo mismo que el juego del gato al ratón: este huevo está dentro deste pichón, el pichón ha de estar dentro de una perdiz, la perdiz dentro de una polla, la polla dentro de un capón, el capón dentro de un faisán, el faisán dentro de un pavo, el pavo dentro de un cabrito, el cabrito dentro de un carnero, el carnero dentro de una ternera, y la ternera dentro de una vaca. Todo esto ha de ir lavado, pelado, desollado y lardeado, fuera de la vaca, que ha de quedar con su pellejo; y cuando se vayan metiendo unos en otros, como cajas de Inglaterra, porque ninguno se salga de su asiento los ha de ir el zapatero cosiendo a dos cabos, y en estando zurcidos en el pellejo y panza de la vaca, ha de hacer el sepolturero una profunda fosa, y echar en el suelo della un carro de carbón, y luego la dicha vaca, y ponerle encima el otro carro, y darle fuego cuatro horas, poco más o menos; y después, sacándola, queda todo hecho una sustancia y un manjar tan sabroso y regalado que antiguamente lo comían los emperadores el día de su coronación; por cuya causa, y por ser el huevo la piedra fundamental de aquel guisado, le daban por nombre relleno imperial aovado. ESTEBANILLO GONZALEZ, 1646

Pimientos rellenos de carne

Doce pimientos del piquillo
150 gramos de carne de
ternera picada
Dos cebollas
Huevos
Harina
Aceite de oliva

100 gramos de jamón serrano
150 gramos de magro de
cerdo picado
Dos dientes de ajo
Salsa de tomate
Caldo de carne
Sal

Lo más habitual es utilizar pimientos en conserva. En ese caso, se pone a calentar agua con dos cucharadas de azúcar. Cuando hierve se escaldan los pimientos de uno en uno, sacándolos con una espumadera y poniéndolos a escurrir. Cuando se han enfriado un poco, se limpian con mucho cuidado quitándoles los restos de pieles y las pepitas. Al mismo tiempo, se pone a cocer un huevo. Aparte, para preparar el relleno, se fríe media cebolla picada menuda y, cuando está casi hecha, los ajos también muy picaditos. A continuación se agregan la carne picada, mezclados el cerdo y la ternera, y el jamón cortado en trocitos. Se fríe todo bien y, por último, se incorporan el huevo cocido, muy picado, y dos cucharadas de salsa de tomate. Se revuelve todo bien hasta hacer una masa con la que se rellenan los pimientos, cerrándolos con un palillo. Se pasan entonces por harina y huevo batido y se rebozan en aceite muy caliente. Se van colocando en una cazuela de barro y se reservan. Para hacer la salsa, se fríe una cebolla picada menuda. Cuando está dorada se añade una cucharada de harina, se deja hacer un poco removiendo bien y se agregan una tacita de salsa de tomate y una taza de caldo de carne. La salsa tiene que quedar ligada pero no muy espesa, pues espesará después al cocer, por lo que se puede añadir un poco de agua. Tiene que hervir unos minutos. Se bate con batidora o se pasa por el pasapurés. Se vierte encima de los pimientos y se deja que dé un hervor todo junto.

Pimientos rellenos de bacalao

Doce pimientos del piquillo	*Medio kilo de bacalao salado*
Dos cebollas	*Harina*
Leche	*Mantequilla*
Aceite de oliva	*Salsa de tomate*
Harina	*Sal*

S e preparan los pimientos como se indica en la receta anterior (escaldándolos en agua azucarada) y se reservan. Aparte se prepara el relleno. Para empezar se blanquea el bacalao, que se habrá tenido en remojo por lo menos cuarenta y ocho horas, cambiándole el agua varias veces: se pone al fuego en agua fría que lo cubra y se retira cuando ha hecho espuma, antes de que hierva. Entonces se escurre, pero guardando el agua en que se ha blanqueado, se deja enfriar un poco, se quitan bien las espinas y la piel, se desmenuza mucho con los dedos y se reserva. En un poco de aceite se pone a freír media cebolla picada muy menuda. Cuando se ha dorado se añade el bacalao desmenuzado, se sofríe un poco y se agrega una cucharada colmada de harina. Se deja hacer durante unos instantes, removiendo sin parar, y a continuación se va añadiendo leche poco a poco, sin dejar de remover, para hacer una bechamel más bien espesa. Por último, se pone sal, se agrega una cucharada de mantequilla, mezclando bien, y se deja enfriar. Con esta bechamel de bacalao se rellenan los pimientos, cerrándolos con un palillo para que no se salga el relleno. Se pasan por harina y huevo batido, se rebozan en aceite bien caliente y a medida que se van dorando se van colocando en una cazuela de barro, donde se les quitan los palillos. Para hacer la salsa, se fríe una cebolla picada menuda hasta que está dorada. Se agrega entonces una cucharada de harina, se remueve bien durante unos momentos y se añade una tacita de salsa de tomate. Se deja hacer

unos minutos y por último se agrega una taza del agua en que se ha blanqueado el bacalao. Se deja que dé un hervor todo junto, se retira y se pasa por batidora o pasapurés. Tiene que quedar una salsa más ligera que espesa, por lo que, si es necesario, se añade más caldo o un poco de agua. Una vez pasada y retirada del fuego, se mezcla bien y se vierte sobre los pimientos. Poco antes de servir, se ponen de nuevo al fuego los pimientos para que den un hervor con la salsa.

Alcachofas rellenas de carne

Dieciocho alcachofas	Una lata pequeña de foie-gras
Medio kilo de carne	Tres cebollas
de ternera picada	Tres dientes de ajo
Harina	Salsa de tomate
Caldo de carne	Huevos para rebozar
Aceite de oliva	Sal

Se limpian y se cuecen las alcachofas enteras en agua hirviendo con el zumo de un limón y sal. Mientras están cociendo se prepara el relleno de la siguiente manera: en primer lugar se pone a freír una cebolla picada. Cuando empieza a dorarse se añade un diente de ajo pequeño picado menudo y se fríe junto durante unos momentos. A continuación se incorpora la carne picada para que se haga con la cebolla y el ajo. Cuando está bien frita, se retira la sartén del fuego y se añaden una tacita de salsa de tomate y el foie-gras. Se mezcla todo bien y se deja enfriar. Se vacían entonces, quitándoles el corazón con un cuchillo de punta, las alcachofas ya cocidas, y en el hueco que queda se pone el relleno con una cucharilla. Se pasan por harina y huevo y se rebozan en aceite bien caliente hasta que están doradas. Se ponen en una cazuela de barro, con el relleno hacia arriba, y se reservan. Para hacer la salsa, se ponen a freír dos cebollas, picadas muy menudas, y un poco después dos dientes de ajo. Por último, cuando la cebolla y el ajo están hechos, se añade una cucharada de harina, se revuelve bien para que se haga un poco y se incorpora otra tacita de salsa de tomate. Se sigue friendo un poco y se añaden tres tazas de caldo. Cuando da un hervor y espesa, se echa la salsa sobre las alcachofas. Se cuece todo junto unos minutos a fuego lento y se sirve bien caliente.

Berenjenas rellenas de carne

Seis berenjenas medianas
150 gramos de carne de
ternera picada
Salsa de tomate
Mantequilla
Sal

Una cebolla
150 gramos de magro de
cerdo picado
50 gramos de queso Gruyère
Aceite de oliva

Se abren las berenjenas por la mitad, a lo largo, y se vacían dejando parte de la carne que está pegada a la piel. El resto se saca y se reserva. Aparte, se pone a freír la cebolla picada muy menuda. Cuando empieza a dorarse se añade la carne de las berenjenas que se había reservado, picada en trocitos, y se deja que se haga con la cebolla. Cuando se ha ablandado un poco se añaden la carne de cerdo y la de ternera mezcladas y se hacen a fuego lento, removiendo de vez en cuando. Entonces se agregan dos cucharadas de salsa de tomate y se sazona al gusto. Con esta mezcla se rellenan las medias berenjenas, que se colocan en una fuente para horno, se espolvorean con el queso rallado y unos trocitos de mantequilla y se meten a horno medio durante unos diez minutos. Luego se gratinan a fuego fuerte. Cuando están doradas se sirven muy calientes.

Lechugas rellenas

Doce hojas grandes de lechuga
Una lata grande de bonito
asalmonado en aceite
Media cebolla
Aceite de oliva
Sal

Tres huevos
Tres cucharadas de
salsa de tomate
Huevos para rebozar
Harina

Se lavan bien las hojas de lechuga. En una cacerola se pone bastante agua con sal y cuando hierve se echan las hojas de lechuga para que den un hervor. A continuación, se escurren y se extienden una a una sobre una tabla o sobre una servilleta. Aparte se prepara el relleno friendo la cebolla picada muy menuda. Cuando está dorada se añade el bonito desmenuzado con su aceite, tres cucharadas de salsa de tomate y los tres huevos batidos. Cuando los huevos están cuajados (pero no demasiado, pues tiene que quedar jugoso) se retira del fuego y se extiende sobre la lechuga, doblando los extremos de las hojas para que no se salga el relleno y haciendo un rollito con cada una de ellas. Estos rollitos se rebozan con harina y huevo y se fríen en una sartén con aceite bien caliente. Cuando están dorados se sacan y se escurren bien para quitar el aceite. Se puede servir frío o caliente.

La lechuga es la más conveniente hierba de todas las que los hombres usan.
JUAN SORAPAN DE RIEROS (1616)

Rellenos variados

Seis pimientos del piquillo
Seis patatas pequeñas
200 gramos de carne de
ternera picada
150 gramos de jamón serrano
Huevos
Caldo de carne
Pimienta negra molida

Tres calabacines medianos
Nueve cebollas pequeñas
200 gramos de magro de
cerdo picado
Dos dientes de ajo
Salsa de tomate
Harina
Aceite de oliva

Sal

Los pimientos se preparan como se indica en la receta de pimientos rellenos de carne (página 93) y se reservan. Los calabacines se pelan, se parten por la mitad, se vacían quitándoles las pipas y se reservan. Seis de las cebollas y las patatas, como son más duras, hay que ponerlas a cocer en agua con sal antes de rellenarlas, pero se retiran cuando están a medio hacer. Se dejan enfriar un poco y se les hace un hueco para el relleno. Al mismo tiempo, se ponen a cocer aparte dos huevos. Mientras, se prepara el relleno de la siguiente manera: se fríe una cebolla picada muy menuda y, cuando está casi hecha, se añaden los ajos también muy picados. A continuación se agregan la carne picada, mezclados el cerdo y la ternera, y el jamón cortado en trozos muy pequeños. Se fríe todo junto y, por último, retirado del fuego, se incorporan los huevos cocidos muy picados y una tacita de salsa de tomate. Se pone sal y un poco de pimienta negra molida y se revuelve todo bien. Con esta masa, y con la ayuda de una cucharilla, se rellenan los pimientos, los calabacines, las cebollas y las patatas. Se pasan entonces por harina y huevo batido y se rebozan en aceite bien caliente. Se van colocando en una cazuela de barro y se reservan. Para hacer la salsa, se fríen dos cebollas picadas menudas. Cuando está dorada se añade una cucharada colmada de harina, se deja freír un poco para que se haga y se añaden una taza de salsa de tomate y tres tazas de caldo. Tiene que hervir unos minutos. La salsa tiene que quedar muy ligera para que al cocer no espese demasiado, por lo que se puede añadir un poco de agua si es necesario. A continuación se bate con batidora o se pasa por el pasapurés y se echa sobre los rellenos.

Se pone a cocer a fuego muy lento unos minutos hasta que todo esté tierno, lo que se comprueba pinchando con la punta de un cuchillo fino, y se sirve muy caliente.

Pescados

Merluza en salsa verde

Un kilo y medio de merluza
Una lata pequeña de yemas
de espárragos
Perejil

Cinco dientes de ajo
Harina
Aceite de oliva
Sal

Este plato se puede hacer con la merluza en rodajas o en filetes. A la merluza ya limpia y preparada se le echa un poco de sal. En una cazuela de barro plana, y mejor sobre una placa que al fuego directo, se pone una taza de buen aceite de oliva. Cuando está caliente, pero no demasiado, se echan los ajos muy picaditos. Antes de que los ajos empiecen a tomar color, se va poniendo también la merluza previamente pasada por harina. Se deja que las rodajas o filetes se frían un poco por ese lado, pero sin que se doren. Se espolvorean ligeramente con harina y, con la ayuda de la paleta y el tenedor, se les da la vuelta con cuidado de que no se deshagan. Cuando está frita por los dos lados, se añaden los espárragos con toda su agua, repartiéndolos bien entre la merluza. Se mueve bien la cazuela sobre la placa hasta que se ligue y espese la salsa. Si quedase muy espesa y con poca salsa, se le puede añadir un poco de agua, o mejor caldo de cocer las espinas y pieles que se han quitado de la merluza al limpiarla. Por último, se espolvorea con abundante perejil muy picado. No conviene que vuelva a cocer la merluza, sólo el hervor justo para calentarla si se ha hecho con antelación. Se sirve acompañada de arroz blanco.

Merluza a la burgalesa

Una cola de merluza grande   *Tres pimientos rojos hermosos*
Azúcar   *Aceite de oliva*
Sal

Se lava la merluza, se sazona y se pone en una fuente para horno. Aparte se asan los pimientos, se pelan y se ponen en tiras a dar un hervor con un poco de agua, un chorrito de aceite, una cucharada de azúcar y sal (si no es temporada pueden utilizarse pimientos de lata, en cuyo caso se escurren del caldo que traen y se les da un hervor como los naturales). Después, se pasan los pimientos por el pasapurés o se trituran con la batidora. Se cubre toda la merluza con este puré y se mete a horno medio-flojo entre 20 y 30 minutos. Se nota que está hecha cuando empieza a soltar un jugo blanco. Se puede servir caliente o fría acompañada de salsa mayonesa.

Cocochas de merluza en salsa verde o rebozadas

Veinticuatro cocochas de merluza fresca
Aceite de oliva
Guindilla
Huevos para rebozar

Seis dientes de ajo
Harina
Perejil
Sal

Se pone en el fuego una cazuela de barro con una taza de aceite. Cuando está caliente se echan los ajos picaditos y se retira enseguida la cazuela del fuego para que no se doren demasiado. Las cocochas se lavan bien, se salan, se pasan por harina y se van colocando en la cazuela, extendidas sobre los ajos. Se acerca otra vez la cazuela al fuego y se les da la vuelta enseguida, pues se hacen rápidamente. Se espolvorean con un poco más de harina y se añade una taza de agua o mejor, si se tiene, de caldo de cocer pescado o raspas. Se mueve bien la cazuela hasta que se ligue la salsa. Por último, se añade abundante perejil muy picado, y unas rodajitas de guindilla si se desea un punto de picante. No conviene que cuezan las cocochas, sino que se preparan en el momento, en diez minutos. Otra forma son las cocochas rebozadas: se pasan por harina y huevo y se fríen en abundante aceite de calidad, bien caliente, para que se doren enseguida por ambos lados. Se escurren bien y se sirven acompañadas de limón en cuartos.

Merluza rellena

Una cola de merluza grande	Un cuarto de kilo de gambas
Dos huevos	Dos cebollas
Dos dientes de ajo	Aceitunas sin hueso
Un limón	Harina
Vino blanco	Salsa de tomate
Aceite de oliva	Perejil
Sal	

S e limpia la merluza y se le quita la espina (puede hacerlo el pescadero), se sala y se rocía con el zumo de medio limón por dentro y por fuera. Se ponen a cocer los huevos. Aparte se prepara el relleno poniendo en una sartén al fuego un poco de aceite con media cebolla y el ajo muy picados hasta que se doren. Entonces se añaden las gambas peladas y picadas, que se saltean con la cebolla. Cuando se vea que están hechas, se retira la sartén del fuego. Los huevos cocidos y unas cuantas aceitunas se pican muy menudos y se mezclan con las gambas, mezcla a la que se añaden dos cucharadas de salsa de tomate y perejil picado. Con esta pasta, que tiene que quedar espesa, se rellena la merluza. Si se ha sacado la espina sin abrir la cola, entonces

Se ha observado igualmente que, en las naciones ictiófagas, se encuentran numerosos ejemplos de longevidad, ya resulten de que el alimento poco substancial y más ligero evita los inconvenientes pletóricos, ya de los jugos que contiene, destinados por la Naturaleza para formar principalmente espinas y cartílagos de escasa duración, que usados como mantenimiento diario del hombre detienen por algunos años la solidificación de todas las partes del cuerpo humano, que es causa al fin necesaria de la muerte natural.

BRILLAT-SAVARIN

se rellena por los extremos con la ayuda de una cuchara, y no hace falta atarla. Si se ha abierto entera, se extiende el relleno sobre uno de los lomos y se pone el otro encima, y en este caso conviene atarla un poco para que no se salga el relleno. Una vez así preparada, se pone en una fuente de horno, se rocía con un chorro de aceite y se mete a horno fuerte. Al cuarto de hora se echa por encima un vasito de vino blanco y el zumo de medio limón, y se deja otros 10 minutos rociándola de vez en cuando con el jugo que va soltando. Aparte se prepara la salsa, para lo que se cuecen las espinas de la merluza con las cáscaras de las gambas y un poco de sal, hasta que se reduzca bastante el caldo, que se cuela y se reserva. Mientras, se pone a freír una cebolla picada. Cuando está dorada se añaden una cucharada de harina, que se revuelve durante unos momentos para que se haga, tres cucharadas de salsa de tomate y el caldo de cocer las espinas, así como el jugo que haya soltado la merluza en el horno. Se cuece unos minutos y se pasa por pasapurés o se bate en batidora. Se sirve en salsera aparte, bien caliente.

Soufflé de merluza

Tres cuartos de kilo de merluza o pescadilla limpia
Leche
Mantequilla
Pimienta blanca

Seis huevos
Media cebolla
Harina
Aceite de oliva
Sal

En un cazo grande se pone la cebolla picada muy menuda, en un poco de aceite, para que se haga a fuego más bien lento. Cuando empieza a dorarse se añade la merluza o pescadilla bien limpia y muy picada, casi triturada, pero con el cuchillo. Se rehoga un poco, se añaden dos cucharadas colmadas de harina y se revuelve bien, dejándolo unos instantes, sin dejar de mover, para que se haga la harina. Se sazona con sal y un poco de pimienta blanca molida. Se incorpora entonces la leche poco a poco, como medio litro, y sin dejar de mover se deja cocer durante un cuarto de hora. Se retira del fuego, se agregan las yemas de los huevos, bien batidas, se mezcla bien y, por último, se añaden las claras montadas a punto de nieve (para unir las claras con el resto hay que mezclar lentamente con una cuchara o espátula de madera, pero no batir con fuerza, pues se bajarían). Se vierte en un cacharro para horno untado de mantequilla, cacharro que tiene que ser un poco hondo, ya que el soufflé subirá con el calor. Se cuece en horno medio en media hora aproximadamente. Hay que meterlo al horno con el tiempo justo para sacarlo a la mesa, pues si está hecho con antelación se bajará.

Conchas de pescado gratinadas

*Un cuarto de kilo de merluza u
otro pescado blanco
50 gramos de queso Gruyère
Medio litro de leche
Aceite de oliva*

*Un cuarto de kilo de gambas
Media cebolla
50 gramos de mantequilla
Harina
Sal*

S e pica la cebolla muy menuda y se fríe en una tacita de aceite hasta que esté dorada. Se pelan las gambas y se pican junto con la merluza, todo en crudo, en trozos pequeños. Se añaden entonces a la cebolla, para que se hagan junto con ella. Cuando el pescado está hecho se le agregan dos cucharadas de harina, se deja freír un poco y se empieza a añadir, poco a poco y sin dejar de remover, la leche fría para hacer una bechamel. Tiene que cocer unos diez minutos. Por último, se echa a la bechamel la mitad de la mantequilla, y se sala al gusto. Se reparte en seis conchas individuales para horno o en cacharros pequeños de barro. Se espolvorea con el queso rallado y unos daditos del resto de la mantequilla, y se mete a horno fuerte para que se gratine. Se sirven muy calientes en los mismos recipientes.

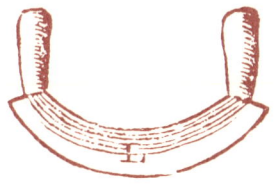

Lenguado a la Gran Taberna

Seis lenguados en filetes
Un cuarto de kilo de
almejas o chirlas
Dos dientes de ajo
Vino blanco
Aceite de oliva

Un cuarto de kilo de gambas
Medio kilo de mejillones
Una cebolla
Salsa de tomate
Harina
Sal

En primer lugar, se ponen las almejas en agua fría con un puñado de sal, para que suelten la tierra. Los mejillones se limpian bien, se abren al fuego en una cacerola con un poco de agua y se reservan, guardando el caldo. Se ponen los filetes de lenguado en una fuente de horno, colocados de forma que no queden uno encima de otro, se salan y se les echa un vasito de vino blanco bien repartido. Se meten a horno fuerte durante un par de minutos, y luego se sacan y se reservan. Se escurren entonces las almejas, se lavan al chorro y se abren al fuego con agua que las cubra. Una vez abiertas, se escurren, reservando el caldo, y se les quita la cáscara. Se hace lo mismo con los mejillones. El caldo de cocer ambas cosas se cuela por un colador con una servilleta de papel para que no pase la tierra. Este caldo se reserva. Aparte, en una sartén, se pone al fuego un cacillo de aceite y cuando está caliente se le echan la cebolla primero y un poco después el ajo, todo muy picado. Cuando se han dorado se añaden las gambas peladas y picadas, removiendo un poco para que se hagan con la cebolla. Cuando todo está frito se añade una cucharada de harina, se fríe nuevamente, se agrega una tacita de la salsa de tomate, el caldo que se ha reservado, los mejillones picados y las almejas. Se deja hervir todo junto hasta que se reduzca y quede una salsa más bien espesa. Justo antes de sevir, se cubren los lenguados con la salsa muy caliente.

Congrio al ajo arriero

Un kilo de congrio en rodajas   Media cebolla
Cuatro dientes de ajo   Pimentón dulce
Guindilla   Aceite de oliva
Vinagre   Sal

Se lavan las rodajas de congrio, que tienen que ser de la parte abierta, y se ponen a cocer en una cacerola con agua fría que las cubra, unos cascos de cebolla y sal. A partir del primer hervor es suficiente que cueza sólo cinco o seis minutos. Se retira entonces del fuego, se sacan las rodajas, que se colocan en una cazuela de barro, y el caldo se reserva si se quiere aprovechar como base para una sopa de pescado. Aparte, en una sartén, se pone al fuego un cacillo de aceite con los ajos partidos en rodajas finas. Cuando empiezan a dorarse se retira la sartén del fuego, se echa una cucharada de pimentón, removiendo bien, y, si se desea el plato un poco picante, un par de trocitos de guindilla. Se revuelve bien y se echa todo sobre el congrio. En la misma sartén se pone medio vasito de vinagre con un chorrito de agua, se acerca al fuego y cuando da un hervor se vuelca bien repartido sobre el congrio.

... estamos en el mes del congrio. Es un pescado de extraordinaria calidad... Junto a la cabeza hay trozos irreprochables de carne blanca entreverada con las más finas mantecas que dé el mar. Viene al tiempo de las patatas nuevas del país y de los guisantes.
ALVARO CUNQUEIRO

Besugo con bacalao

Un besugo de un kilo y medio
aproximadamente, en rajas
Dos dientes de ajo
50 gramos de almendras
Perejil
Aceite de oliva

Seis u ocho tajadas de bacalao
Dos cebollas
Tres pimientos rojos secos
Tres huevos
Harina
Sal

En primer lugar, y mejor unas horas antes, se ponen a remojar los pimientos secos. Se cuecen los huevos, y las almendras se tuestan en la placa del horno y después se muelen finas. Todo ello se reserva. Tras tener en remojo el bacalao durante cuarenta y ocho horas, cambiándole el agua varias veces, se escurre, se le quitan las espinas y recortes y se seca con un papel absorbente. Las espinas se ponen a cocer aparte durante unos veinte minutos. El besugo se lava, se limpia bien y se sala. Se pone en una sartén al fuego una taza de aceite de oliva y, cuando está caliente, se fríe el bacalao previamente pasado por harina. No debe freírse mucho, sino que basta como medio minuto por cada lado. A medida que se hacen se van colocando las tajadas de bacalao en una cazuela de barro. En ese mismo aceite se fríe el besugo, también enharinado, pero en este caso durante un poco más de tiempo, de manera que se haga bien por dentro. Se van sacando las rajas a la misma cazuela de barro, alternándolas con el bacalao. En el mismo aceite de freír el pescado, si no está muy oscuro, se ponen a hacer la cebolla y, un poco después, los ajos, todo muy picado. Cuando están hechos se ponen en un mortero junto con la carne de un pimiento (se separa de la piel raspándola con el cuchillo), las almendras molidas, una yema de los huevos cocidos y unas hojitas de perejil –si gusta el picante se ponen también dos rodajitas de guindilla. Se machaca todo bien y, una vez conseguida una pasta uniforme, se va aclarando con el agua de cocer las espinas de

bacalao, previamente colada. Para esta operación se puede utilizar también la batidora. Se mezcla bien y se echa la salsa, que ha de quedar bastante clara, por encima de las tajadas de besugo y bacalao, entre las que se han intercalado los pimientos en tiras. Tiene que dar un hervor, solamente un hervor, con el pescado para que tome el sabor y espese un poco. Se adorna con los huevos cocidos cortados en rodajas y se sirve en la misma cazuela de barro, bien caliente.

Como todos los de este tipo, este guiso gana al reposar unas horas o un día entero. Si se hace con antelación, hay que tener cuidado de que no hierva mucho al calentarlo.

Besugo al horno a la madrileña

Un besugo grande   *Cinco dientes de ajo*
Dos limones   *Vino blanco*
Pan rallado   *Perejil*
Aceite de oliva   *Sal*

Se limpia bien el besugo por dentro y por fuera, quitándole las escamas y todos los restos de tripas, y se lava al chorro. Se le hacen después tres o cuatro cortes en el lomo, en sentido perpendicular a la espina, en los que se ponen rodajas de limón partidas por la mitad. Se sala por dentro y por fuera y se coloca en una fuente para horno. Se rocía con aceite y se espolvorea todo por encima con los ajos y el perejil muy picados y bien mezclados con unas tres cucharadas de pan rallado. Se pone en horno medio, previamente calentado, y más o menos a los diez minutos se le echa por encima un vaso de vino blanco. Se deja hacer en el horno unos quince o veinte minutos más (depende de lo grueso que sea el besugo), bañándolo de vez en cuando con el jugo que ha soltado y el vino. Se sirve acompañado de gajos de limón.

Besugo en salsa verde

Un besugo de dos kilos   *Tres cuartos de kilo de patatas*
Cinco dientes de ajo   *Perejil*
Aceite de oliva   *Sal*

Se limpia y se escama el besugo, se parte en rodajas no muy gruesas, se les echa sal y se reserva. En una cazuela de barro, y con una taza de aceite, se ponen a freír los ajos picados muy menudos. Poco después, antes de que los ajos se pongan oscuros, se añaden las patatas peladas y cortadas en rodajas, agua hasta que las cubra y un poco de sal, y se dejan a fuego medio hasta que las patatas están casi cocidas. El besugo se pasa por harina y se va colocando encima de las patatas, se dejar cocer unos cinco minutos y se le da la vuelta para que se haga por el otro lado durante dos o tres minutos más. Entonces se retira del fuego y se espolvorea con abundante perejil picado. Se sirve muy caliente en la misma cazuela de barro.

.. y si alguien me dice que sobre gustos no hay nada escrito, yo le contestaré que, por eso mismo, ya es hora de que se vaya escribiendo algo.
JULIO CAMBA

Besugo en escabeche

Un besugo grande	Seis dientes de ajo
Pimienta negra en grano	Laurel
Harina	Aceite de oliva
Vinagre	Sal

Se limpia bien el besugo por dentro y por fuera, escamándolo con cuidado y quitándole todos los restos de tripas, y se lava al chorro. Se corta en rodajas que no sean muy gruesas. Se les echa sal, se rebozan en harina y se fríen en bastante aceite. A medida que están se van sacando a una cazuela de barro plana, donde se extienden sin poner una encima de otra. En el mismo aceite en el que se ha frito el besugo se ponen a freír los ajos pelados y partidos en trozos grandes. Cuando están dorados se retira la sartén del fuego y se añaden unos ocho o diez granos de pimienta, dos o tres hojas de laurel y un vaso de buen vinagre y otro de agua. Se pone otra vez al fuego para que dé un hervor, se añade un poco más de sal, se retira del fuego y se vuelca sobre el besugo. Se deja enfriar y se guarda en un lugar fresco durante dos o tres días, tiempo necesario para que el besugo coja bien el gusto del escabeche. Se sirve adornado con unas hojas de lechuga y unas rodajas de tomate.

Bonito con pisto

Un kilo y medio de bonito
Dos pimientos verdes
Un kilo y medio de
tomates maduros
Aceite de oliva

Dos cebollas
Dos calabacines
Tres dientes de ajo
Azúcar
Sal

El bonito, que tiene que estar cortado en rodajas no muy gruesas, se pone en una cacerola con agua fría que lo cubra, se le echa un poco de sal y unos cascos de cebolla, se pone al fuego y cuando empieza a hervir se retira y se deja enfriar. Aparte se prepara el pisto, poniendo al fuego una sartén o cazuela con una taza de aceite. Cuando está caliente se echan las cebollas y los pimientos muy picados, se dejan freír un poco y a continuación se añade el calabacín picado fino. Se deja que se vayan haciendo a fuego lento, hasta que se ve que la cebolla y el calabacín están transparentes. Aparte, en un poco de aceite en el que se habrán frito los ajos en rodajas, se ponen a hacer los tomates pelados, sin pipas y picados en trozos pequeños, junto con una cucharada de azúcar y un poco de sal. Cuando están a medio hacer se juntan al pisto para que se acabe de freír todo junto. Se rectifica de sal y se mantiene en el fuego hasta que todo esté bien hecho. Mientras, se limpia el bonito, quitándole la piel y las espinas, y se parte en trozos medianos. Se va colocando así el bonito en una cazuela de barro y finalmente se cubre con el pisto.

Conviene hacer este plato de un día para otro, pero hay que tener cuidado, al calentarlo, de que no cueza apenas, sólo un hervor, para que no se seque el bonito.

Truchas rellenas

Seis truchas de ración
150 gramos de champiñón
Un limón
Pimienta negra
Pan rallado
Sal

Una cebolla
50 gramos de almendras crudas
Perejil
Aceite de oliva
Vinagre

Se lavan y se limpian bien por dentro las truchas, quitándoles la espina por el vientre, y se frotan por dentro y por fuera con zumo de limón y sal. Para preparar el relleno, se pone a freír en una sartén, con un poco de aceite, la cebolla picada muy menuda. Cuando empieza a dorarse se le añade el champiñón, bien lavado y muy picado, las almendras trituradas y un poco de perejil. Se mezcla bien y se saltea todo junto, sazonándolo con pimienta negra molida, sal y una cucharadita de vinagre. Con esta mezcla se rellenan las truchas, repartiéndola entre todas. Después se cosen cuidadosamente para que no se salga el relleno. Se pasan por pan rallado y se colocan en una fuente de horno, rociadas con un poco de aceite. Se meten en horno medio y aproximadamente a los diez minutos se les da la vuelta, dejándolas otros cinco minutos para que se hagan bien. Se sirven calientes adornadas con rodajas de limón y perejil picado.

Aunque esto que yo aquí escribo sea experimentado y bueno, al artífice discreto teniendo buen juicio puede inventar muchas maneras de manjares y guisados de su fantasía y buena estimativa, y pues yo hice lo a mi posible según lo que mis fuerzas alcanzan y flaco saber...
RUPERTO DE NOLA

Truchas en escabeche

Seis truchas medianas	Seis dientes de ajo
Harina	Laurel
Pimienta negra	Tomillo
Vinagre	Aceite de oliva
Perejil	Sal

Una vez limpias las truchas y bien lavadas, se salan, se enharinan y se fríen en una sartén con abundante aceite bien caliente. Una vez fritas por ambos lados, se sacan y se colocan en una cazuela de barro. En ese mismo aceite se echan los ajos pelados y enteros y, cuando están dorados, una cucharadita de harina, revolviendo bien durante unos instantes para que se fría pero no se queme. Retirada la sartén del fuego, se agregan dos hojas de laurel, un poco de tomillo y perejil, hecho un ramillete, y unos granos de pimienta negra. Se deja enfriar un poco y se añade una taza de vinagre fuerte y de calidad y otra de agua, poniéndolo de nuevo al fuego con un poco de sal. Se deja que cueza dos minutos y se vierte sobre las truchas.

Se guardan en un lugar fresco durante un par de días para que el pescado coja bien el gusto del escabeche. Se sirven frías.

Chipirones rellenos en su tinta

Treinta chipirones	*Un huevo*
Una loncha de jamón de York	*Cuatro cebollas*
Un kilo de tomates maduros	*Tres dientes de ajo*
Salsa de tomate	*Pan*
Vino blanco	*Aceite de oliva*
Azúcar	*Sal*

Se limpian bien los chipirones, dándoles la vuelta y separando con cuidado las bolsas de tinta, y se ponen a escurrir con un poco de sal. Mientras, se habrá puesto a cocer un huevo. Se separan las patas y las aletas, que se pican y se reservan. Se pone a freír media cebolla muy picada en un poco de aceite. Cuando está dorada se añaden las patas y las aletas, se saltean bien y se incorporan el jamón y el huevo cocido, muy picaditos, y dos cucharadas de salsa de tomate. Se deja que todo junto dé un hervor. Con esta mezcla se rellenan los chipirones, que se cierran con un palillo para que no se salga el relleno. Se pone aceite en una sartén y en él se fríen tres rebanadas de pan y los ajos en trozos grandes. Una vez dorados, se sacan del aceite y se reservan. En el mismo aceite, y a fuego vivo, se saltean durante unos momentos los chipirones pasados por harina. Después se les echa un buen chorro de vino blanco, se dejan a fuego fuerte hasta que se evapora el vino y se van colocando en una cazuela de barro. Aparte, en otra cacerola, se ponen a freír tres cebollas grandes picadas. Cuando está a medio hacer se añaden los tomates partidos en trozos. Se deja que se hagan bien, removiendo de vez en cuando, se salan y se les echa una cucharada de azúcar. Se añaden después los ajos y el pan frito mojado con vino blanco. Se deja un rato más cociendo, hasta que el tomate y la cebolla estén bien hechos, y entonces se pasa por un pasapurés o batidora. Cuando la salsa está ya pasada se le añade la tinta de los chipirones disuelta en un poco de

agua caliente y pasada por un colador fino. Se echa la salsa por encima de los chipirones y se deja que cueza todo junto hasta que estén perfectamente tiernos. Se sirven con arroz blanco aparte.

Calamares en su tinta

Dos kilos de calamares Un kilo de tomates maduros
Tres cebollas Tres dientes de ajo
Pan Perejil
Azúcar Aceite de oliva
Sal

Se limpian bien los calamares, dándoles la vuelta y quitando con cuidado la bolsita de tinta, que se reserva, y se lavan al chorro de agua fría. Se escurren y se cortan en aros como de un centímetro de ancho. Se les pone un poco de sal y se dejan en el escurridor. Mientras, se empieza a preparar la salsa. Para ello, en una cacerola con aceite que cubra el fondo se fríen los ajos enteros y tres rebanadas de pan. Una vez dorados, se sacan y se reservan. En ese mismo aceite se echa la cebolla cortada en juliana. Cuando empieza a dorarse, se añaden los tomates picados y se deja a fuego lento hasta que están bien hechos. Después se les añade una cucharada de azúcar y sal. Unos minutos antes de retirarlos del fuego se les incorporan los ajos y el pan frito, de modo que cueza todo junto unos minutos. Por último, se pasa por un pasapurés. La tinta de los calamares se disuelve en un poco de agua caliente, se pasa por un colador y se incorpora a la salsa ya pasada, para darle su color y sabor característicos. En una sartén grande se calienta una taza de aceite, y cuando está bien caliente se echan los calamares y se saltean. Se añade un vaso de vino blanco y se deja unos minutos a fuego fuerte para que se reduzca un poco. Se juntan entonces los calamares con la salsa y se deja que cueza todo a fuego lento, con la cacerola tapada. El tiempo varía mucho en función de la calidad del calamar, por lo que hay que ir pinchándolos hasta que estén tiernos. Si los calamares son grandes y duros, se les puede añadir de vez en cuando un poco de agua para que no se consuma demasiado la salsa. Se sirven acompañados de arroz blanco.

Langostinos a la americana

Treinta langostinos medianos
Tres dientes de ajo
Tres puerros
Coñac
Guindilla
Aceite de oliva

Tres cebollas
Cuatro zanahorias
Salsa de tomate
Perejil
Harina
Sal

Se limpian bien los langostinos, quitándoles las barbas, se lavan al chorro, se ponen a escurrir en un colador y se salan. En una cacerola grande se echa aceite hasta que cubra el fondo y se pone al fuego. Cuando está muy caliente se echan los langostinos, se saltean bien y cuando han cambiado todos de color se les añade el coñac y se prende, dejándolos en el fuego hasta que se apaga la llama, y entonces se retiran. En una sartén aparte se ponen a freír las cebollas, los ajos, el blanco de los puerros, las zanahorias y unas ramitas de perejil, todo picado. Cuando está bien hecho, se añade una cucharada de harina, se revuelve durante un par de minutos y se echan una taza de salsa de tomate y la guindilla al gusto (la salsa debe tener un punto de picante). Finalmente, se añaden un vaso de agua y un poco de sal. Se deja que dé un hervor y se añade después a los langostinos para que cuezan con la salsa. Si está muy espeso se añade un poco más de agua. Tiene que cocer todo junto durante unos cinco o seis minutos. Después se sacan los langostinos, que, cuando se han enfriado un poco, se pelan, echando en la salsa el jugo de las cabezas (pero sin romperlas, para ponerlas con los cuerpos pelados), y se colocan en una cazuela de barro. Se pasa por un pasapurés la salsa, que tiene que quedar ligada (si se desea más cremosa, se puede añadir un poco de nata líquida), y se cubren con ella los langostinos. Es aconsejable hacer este plato la víspera, poniéndolo a que dé un hervor en el momento de servir. Se acompaña de arroz blanco.

Almejas a la marinera

Un kilo de almejas medianas   Cuatro dientes de ajo
Pan rallado   Perejil
Guindilla   Vino blanco
Aceite de oliva   Sal

Se ponen las almejas en agua fría, con un puñado de sal, y se dejan un buen rato para que suelten la tierra. Entonces se lavan bien al chorro y se ponen en un cazo al fuego con un poco de agua para que se abran. Una vez abiertas, se sacan del caldo y éste se cuela por un colador con un paño fino o una servilleta de papel, para que no pase la arenilla, y se reserva. Aparte, en una cazuela de barro, se pone a calentar medio cacillo de aceite. Cuando está caliente se echan los ajos muy picados, se retiran del fuego para que no se pongan demasiado oscuros y se les añaden las almejas ya abiertas. Puesta de nuevo la cazuela en el fuego, se agregan dos cucharadas de pan rallado y guindilla al gusto. Se rehogan un poco y se les añade un vasito de vino blanco, subiendo el fuego un momento para que se reduzca un poco el vino. Se completa la salsa con el caldo que se había reservado, se deja que dé un hervor todo junto y, justo antes de servir, se espolvorean con abundante perejil picado.

Las almejas son las castañuelas del mar.
RAMON GOMEZ DE LA SERNA

Cangrejos de río guisados

Seis docenas de cangrejos   Un pimiento verde
Siete dientes de ajo   Pimienta negra
Guindilla   Vino blanco
Aceite de oliva   Sal

Se lavan bien los cangrejos al chorro y se dejan escurrir. Si hay alguno muerto, se retira. En una cacerola se pone una taza de aceite al fuego, y cuando está caliente se echa el pimiento cortado en trozos menudos. Al empezar a dorarse el pimiento se echan los ajos enteros, pero pelados y aplastados con la hoja del cuchillo. Se fríen unos instantes con los pimientos y, antes de que tomen color, se añaden los cangrejos. Se saltean bien hasta que se pongan todos colorados. Se añaden entonces unos granos de pimienta, un trozo de guindilla en rodajitas y sal, y se mezcla bien moviendo la cacerola por las asas. Se agrega un vaso de vino blanco y se deja cocer a fuego fuerte unos minutos, para que se reduzca un poco el vino. Se retiran del fuego y se sirven templados.

Y los bacalaos...

Creo haber experimentado alguna de las grandes recetas, las inventadas en Portugal, la noble brandada de discutido origen pero triunfadora en París, las salsas dulces de los bretones –Renán, seminarista, se chupaba los dedos los viernes y en las márgenes del *De bello gallico* de César dejaba la huella grasienta de su índice–; las cebollas rellenas de picadillo de bacalao con almendra del Infante don Enrique, que las digería al viento en la punta de Sagraes viendo marchar océano abajo las pesadas naves de las heroicas *descobertas*... Hay que elogiar el bacalao de los vascones, vencedores de Inglaterra en el mar de Winchester, bien ajado, y el bacalao del Primado de Rennes, con una especie de bechamel ácida... Al pil pil, en salsa verde, empanado con uvas pasas, el timbal bordalés de los días magros, el bacalao con garbanzos de las abstinencias salmantinas antiguas, y en fin, el bacalao al ajoarriero de las ventas castellanas, comenzando por aquella del antiguo y conocido Campo de Montiel, célebre desde Don Quijote, a la de Alcudia, donde fue el solemne cono-cimiento entre los jóvenes y amables pícaros Rinconete y Cortadillo... Y en las casas beni-tas, Cluny que fuese o Císter, el bacalao con acelgas o repollo, bien rehogado y con la caricia de un aroma de vinagrillo. ALVARO CUNQUEIRO

Bacalao al horno

Doce tajadas de bacalao   Seis dientes de ajo
Harina   Pimentón dulce
Vino blanco   Aceite de oliva
Sal

S e pone en remojo el bacalao durante cuarenta y ocho horas, cambiando el agua varias veces para que se desale bien. Una vez desalado, se secan las tajadas de bacalao y se les quitan todas las espinas. Se pasan por harina y se fríen rápidamente en aceite caliente, pasándolas más bien poco. Según se van haciendo se van colocando en una fuente para horno. En el mismo aceite en que se ha frito el bacalao se ponen a freír los ajos cortados en rodajitas. Cuando están dorados se retira la sartén del fuego, se añade una cucharada de pimentón, removiendo enseguida para que no se queme, y se agrega un vasito de vino blanco. Esta mezcla se vierte sobre el bacalao. Se mete al horno, a intensidad media, donde se hace entre diez y quince minutos. Se sirve en la misma fuente, donde puede adornarse con tiras de pimiento rojo asado o incluso de pimiento verde frito.

Véanse también las recetas del POTAJE DE VIGILIA (página 57), el ARROZ DE BACALAO (página 72), los PIMIENTOS RELLENOS DE BACALAO (página 94) y el BESUGO CON BACALAO (página 112)

Bacalao al pil-pil con pisto

Un kilo y medio de bacalao en tajadas finas
Dos pimientos verdes
Un kilo y medio de tomates maduros
Cinco dientes de ajo
Tres cebollas
Aceite de oliva
Azúcar
Sal

El bacalao se pone en remojo cuarenta y ocho horas antes, y en ese tiempo se le cambia varias veces el agua. Una vez desalado, se limpia, se escurre bien y se reserva. En una cazuela de barro se pone al fuego medio litro de aceite de oliva de calidad, y cuando está caliente se echan los ajos en rodajas finas hasta que empiezan a dorarse. Entonces se van colocando las tajadas de bacalao en el aceite con la piel para abajo. Se deja a fuego lento unos minutos, sin dejar de mover la cazuela, para que se haga el bacalao. Se retira entonces del fuego y se deja enfriar un poco. Mientras, se prepara el pisto: en una sartén, y con un cacillo de aceite, se ponen a freír la cebolla y el pimiento, ambos muy picaditos, y cuando empiezan a dorarse se añade el tomate pelado, despepitado y picado. Se dejar freír a fuego lento y sin prisas, pues el pisto necesita bastante tiempo para que esté bien hecho. Por último, se le pone una cucharada de azúcar y se sala al gusto. Mientras se hace el tomate, se vuelve a la cazuela de bacalao, que se habrá enfriado ya un poco, y se mueve suavemente hasta que se hace una emulsión con el aceite y queda una salsa blanca y espesa. Una vez ligada la salsa y preparado el pisto, se vierte éste sobre el bacalao y se mueve nuevamente hasta que quede todo bien mezclado. Entonces se acerca al fuego para que dé justo un hervor y se sirve muy caliente.

Bacalao en salsa verde

Un kilo y medio de bacalao
en tajadas finas
Una lata pequeña de
guisantes extrafinos
Harina

Cuatro dientes de ajo
Dos huevos
Una lata pequeña de
yemas de espárragos
Aceite de oliva

Sal

Se pone en remojo el bacalao durante cuarenta y ocho horas, cambiando el agua varias veces para que se desale bien. Una vez desalado, se blanquea, es decir, se cubre de agua fría y se pone al fuego y cuando empieza a hacer espuma se retira. Se escurre, reservando un poco de este agua para la salsa, se deja enfriar un poco y se le quitan todas las espinas. Asimismo, se habrán puesto a cocer dos huevos. Aparte, en una cazuela de barro, con aceite que cubra el fondo, se ponen a freír los ajos picaditos (y mejor sobre una placa que al fuego directo). Cuando empiezan a dorarse se añaden los trozos de bacalao pasados por harina y con la piel para abajo, se fríen durante un minuto, se espolvorean con un poco más de harina y se les da la vuelta para que se hagan durante un minuto más por el otro lado. Entonces se agregan los espárragos con su agua, los guisantes escurridos y una tacita del agua de blanquear el bacalao que se ha reservado. Se mueve la cazuela despacio hasta que la salsa se ligue bien y dé un hervor. Se retira del fuego, se espolvorea con abundante perejil picado y se ponen por encima los huevos cocidos en rodajas. Se prueba de sal y se rectifica en caso necesario.

Bacalao a la vizcaína

Un kilo y medio de
bacalao en trozos
Medio kilo de tomates maduros
Pan
Azúcar

Doce pimientos rojos secos
Un kilo y medio de cebollas
Tres dientes de ajo
Aceite
Sal

Se pone el bacalao en remojo durante cuarenta y ocho horas, cambiándole el agua varias veces para que se desale bien. También se ponen en remojo, unas horas antes, los pimientos secos. Una vez desalado, se blanquea, es decir, se pone al fuego en una cacerola con agua fría que lo cubra y se retira antes de que empiece a hervir, cuando hace espuma en la superficie. Se escurre, reservando el agua en que se ha blanqueado, y se quitan todas las espinas, con cuidado de no deshacer las tajadas. Se pasan éstas por harina, se fríen en abundante aceite hasta que empiezan a dorarse y se reservan. Se prepara entonces la salsa: se calienta una taza de aceite en una cacerola, en la que se fríen, con cuidado de no quemar el aceite, los ajos enteros y tres rebanadas de pan. Cuando están dorados, se sacan y se reservan, y en ese mismo aceite se echa la cebolla cortada en juliana. Cuando la cebolla está a medio hacer, se añaden los tomates en trozos y se dejan freír despacio, removiendo de vez en cuando, hasta que están hechos. Por último, se añaden una cucharada de azúcar, sal, los pimientos secos, remojados, en trozos, los ajos fritos, el pan frito y una

Y en esto del bacalao a la vizcaína hay más fórmulas que días de vigilia en siete años, porque cada vizcaína tiene su método mejor o peor, pero que siempre resulta muy bueno y muy superior a todos los demás guisos de otras partes.
ANGEL MURO

taza del agua en que se ha blanqueado el bacalao. Se deja cocer todo junto hasta
que la cebolla esté bien blanda, y se pasa por un pasapurés. En una cazuela de
barro plana se pone una capa de la salsa y se colocan los trozos de bacalao
encima y se cubren con el resto de la salsa. Se acerca la cazuela al
fuego lento y se deja que dé sólo un hervor todo junto.
Se sirve en la misma cazuela de barro, adornado
con unos triángulos de pan frito.

Bacalao con pisto

Un kilo y medio de
bacalao en tajadas
Cuatro cebollas
Dos calabacines
Harina
Aceite de oliva

Un kilo y medio de
tomates maduros
Dos pimientos verdes
Dos dientes de ajo
Huevos para rebozar
Sal

Se pone en remojo el bacalao durante cuarenta y ocho horas, cambiando varias veces el agua para que se desale bien. Una vez desalado, se escurre, se le quitan todas las espinas, se pasan las tajadas por harina y huevo batido y se fríen en bastante aceite caliente, dorándolas rápidamente sin que se pasen mucho. A medida que se doran se van colocando, bien extendidas, en una cazuela de barro. Para preparar la salsa, se ponen a freír la cebolla y los pimientos, muy picaditos, en una sartén con una taza de aceite. Cuando el pimiento ya está blando y la cebolla empieza a dorarse, se añade el calabacín en juliana y se deja hacer lentamente. Aparte, en otra cacerola, se ponen a freír dos dientes de ajo. Cuando están dorados se echan los tomates pelados, despepitados y partidos en trozos más bien pequeños, y se deja cocer removiendo de vez en cuando. Una vez hecho el tomate, se sala y se le pone una cucharada de azúcar. Por último, se junta con la cebolla, el pimiento y el calabacín, para que cueza todo junto unos minutos más. Con este pisto se cubre el bacalao, y se pone a fuego lento para que dé justo un hervor todo junto. Se sirve, bien caliente, en la misma cazuela de barro.

Croquetas de bacalao

Un cuarto de kilo de bacalao   50 gramos de mantequilla
Media cebolla   Un litro y medio de leche
Pan rallado   Aceite de oliva
Harina   Huevos
Sal

S e pone en remojo el bacalao como mínimo veinticuatro horas antes, cambiándole el agua tres o cuatro veces para desalarlo bien. Asimismo, se habrán cocido dos huevos. En un cazo grande o en una sartén honda se pone al fuego una tacita de aceite. Una vez caliente, se echa la cebolla picada muy menuda. Cuando empieza a dorarse se le añade el bacalao limpio de espinas y de pieles y muy desmigado. Se saltea un poco con la cebolla y se añaden tres cucharadas colmadas de harina. Se mezcla todo bien y se deja hacer unos momentos. Entonces se empieza a echar la leche fría, poco a poco y sin dejar de mover para incorporarla bien. Debe cocer un poco cada vez antes de añadir más leche. Cuando se ha incorporado toda la leche, se añaden la mantequilla y sal al gusto y se deja cocer durante unos cinco minutos, sin dejar de mover para que no se agarre. Antes de retirarlo del fuego, se echan los huevos cocidos muy picaditos. Se vierte esta bechamel en una fuente plana para que se enfríe. Cuando la masa está bien fría, se da forma a las croquetas sobre una tabla o mármol y con la ayuda de harina. Después se pasan por huevo batido y pan rallado y se fríen en abundante aceite, muy caliente para que no revienten. Cuando están doradas se escurren en un colador o papel absorbente, y se sirven inmediatamente.

Soldaditos de Pavía

Un kilo de bacalao   *Levadura en polvo*
Harina   *Aceite de oliva*
Sal

Se pone el bacalao en remojo durante un día y medio o dos días, cambiando el agua tres o cuatro veces para que se desale bien. Pasado este tiempo, se escurre, se quitan las espinas y la piel y se corta a lo largo en tajaditas de aproximadamente siete por tres centímetros. Se deja durante unos minutos sobre papel de cocina para quitarle el agua y para que de esa manera coja mejor la pasta de freír. Mientras, se prepara la pasta de rebozar: se mezclan dos cucharadas colmadas de harina, una cucharadita de levadura en polvo y una pizca de sal, y se va añadiendo agua poco a poco, sin dejar de batir, hasta conseguir una papilla lisa y cremosa. Aunque depende de la calidad de la harina, puede calcularse alrededor de tres cucharadas de agua por cada una de harina. Se hace cuanta pasta se necesite, guardando siempre estas proporciones. En ausencia de levadura se puede sustituir el agua por sifón.

Se pone al fuego una sartén honda con abundante aceite y cuando está muy caliente se va friendo el bacalao bien rebozado en la pasta.

Una vez dorados por ambos lados y bien crujientes, se escurren los soldaditos en un colador y se sirven muy calientes.

... esas momias pisciformes que llamamos bacalaos y que, al decir de los comerciantes, proceden de Escocia y de Noruega, aunque más bien parecen extraídas a las tumbas faraónicas en unión de la mojama, los cacahuetes, los garbanzos torrados y demás alimentos fósiles.
JULIO CAMBA

Buñuelos de patata y bacalao

100 gramos de bacalao desmigado
Medio kilo de patatas
Levadura en polvo

50 gramos de mantequilla
Dos huevos
Aceite de oliva

Se pone previamente en remojo el bacalao. Como está desmigado, basta con veinticuatro horas, cambiándole el agua dos o tres veces. Las patatas se ponen a cocer en agua con sal, enteras y sin pelarlas. Cuando están cocidas se escurren, se pelan y se pasan por un pasapurés. Este puré se pone al fuego con la mantequilla y el bacalao muy desmenuzado, y se mezcla bien. Una vez disuelta e incorporada la mantequilla y bien distribuido el bacalao, se retira del fuego. Se deja enfriar y se añaden media cucharadita de levadura y los huevos de uno en uno, sin añadir el segundo hasta que el anterior se haya incorporado bien a la pasta. Se deja reposar media hora aproximadamente y luego se forman bolitas cogiendo la masa con una cucharilla. Se fríen en una sartén honda con bastante aceite no demasiado caliente, para que los buñuelos suban mejor.

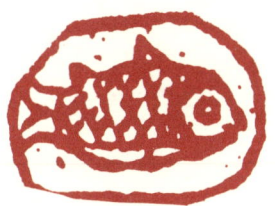

Porrusalda de bacalao

Un kilo y medio de patatas   *Tres puerros grandes*
Un cuarto de kilo de bacalao   *Aceite de oliva*

El día anterior se pone el bacalao en remojo en agua fría. Las patatas se cortan como para tortilla, los puerros en rodajas finas y el bacalao, una vez desespinado, en trozos pequeños. En una olla se ponen a calentar unos dos litros de agua. Cuando empieza a hervir se echan las patatas, los puerros, el bacalao y un chorrito de aceite crudo. Tiene que cocer a fuego lento hasta que las patatas estén blandas. Cuando casi están a punto se prueba de sal. Es probable que no sea necesario echar sal, pues el bacalao lo sala bastante. Se sirve muy caliente.

Patatas con bacalao

Un kilo y medio de patatas	Una cebolla
Un cuarto de kilo	Dos pimientos rojos secos
de bacalao salado	Pimentón dulce
Aceite de oliva	Sal

Dos días antes se pone a desalar el bacalao en agua fría, cambiando el agua cada doce horas. En una cacerola se pone una tacita de aceite y, cuando está caliente, se echa la cebolla picada menuda y se fríe hasta dorarse. Luego se añaden las patatas cascadas (se mete el cuchillo hasta la mitad de la patata y se tira para "arrancar" el trozo), el bacalao escurrido y en trozos pequeños, una cucharada de pimentón y los pimientos secos (que se habrán puesto en agua templada un rato antes para que se ablanden). Se saltea todo junto y se pone agua hasta que lo cubra. Se prueba de sal, pues el bacalao lo sala bastante, y es posible que no haya que añadir más. El tiempo de cocción varía según la clase de las patatas, pero conviene que estén bien cocidas para que espese el caldo.

Hay impasse gastronómico cuando la complicación, el amontonamiento, conduce a una confusión de sabores, a ocultar las propiedades naturales. La cocina, en vez de ayudar y completar la obra de la naturaleza, la anula y no la reemplaza. El remedio, entonces, es evidente: una vuelta a la simplicidad y a la calidad.
JEAN-FRANÇOISE REVEL

Aves y huevos

Gallina en pepitoria

Una gallina de entre kilo y medio y dos kilos	Dos cebollas
50 gramos de almendras crudas	Tres dientes de ajo
Harina	Tres huevos
Azafrán	Vino blanco
Aceite de oliva	Perejil
	Sal

Se limpia bien la gallina, quitándole gran parte de la grasa, se chamusca, se parte en trozos no muy pequeños y se lava muy bien. En una sartén se pone una taza de aceite y cuando está caliente se echa la gallina bien escurrida y sazonada con un poco de sal. Se saltea bien y, antes de que se dore, se va sacando a una cacerola con una espumadera, para escurrir bien el aceite. Se pone con la gallina un vaso de vino blanco, se completa con agua hasta que la cubra y se cuece a fuego lento durante por lo menos una hora y media, aunque puede ser más dependiendo de la calidad de la gallina. Hay que vigilarlo de vez en cuando para agregar un poco de agua en caso necesario. Al mismo tiempo, se habrán puesto a cocer los huevos. Mientras cuece la gallina, se prepara la salsa poniendo a freír la cebolla primero y, un poco después, los ajos, ambos menudos, en el aceite en que se ha salteado la gallina. Cuando la cebolla empieza a dorarse se le añade media cucharada de harina y se deja que se haga un poco revolviendo sin parar. Aparte, en el mortero, se machacan bien las almendras, unas hebras de azafrán (lo que se coge con los dedos dos veces), un poco de perejil y las yemas de dos de los huevos cocidos. Luego se

Se casó con una Pepita y le gustaba mucho la gallina en pepitoria.
RAMON GOMEZ DE LA SERNA

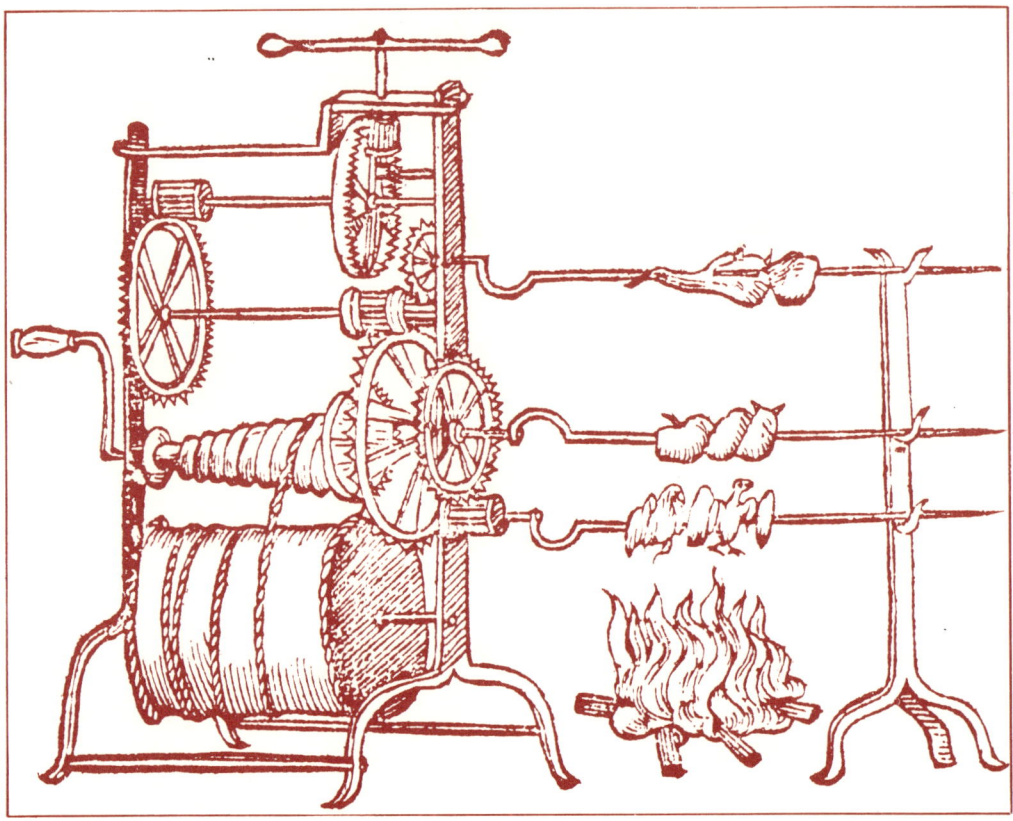

junta todo con el refrito de la cebolla, se mezcla bien y se añade a la gallina cuando ésta ya está casi cocida. Debe cocer todo junto durante unos minutos hasta que la salsa esté bien ligada y la gallina perfectamente tierna, a fuego muy lento y teniendo cuidado de que no se agarre. Antes de servir se echan por encima el huevo y las claras restantes, muy picaditos. Como guarnición puede servirse arroz blanco.

El pollo por sí solo no ha dado otro plato hispánico singular que el guisado a la pepitoria, porque cualquier otra variante es igualita a la que puede utilizar cualquier cultura gastronómica del extranjero.
MANUEL VAZQUEZ MONTALBAN

Pollo con patatas

Un pollo de un kilo y medio
100 gramos de jamón serrano
en una loncha
Dos tomates maduros
Aceite de oliva

Medio kilo de patatas
Un pimiento verde
Una cebolla grande
Dos dientes de ajo
Sal

Se parte el pollo en trozos más bien pequeños, o al comprarlo se pide al pollero que lo haga. Se chamusca si es necesario, se limpia y se lava bien, y se sala. En una sartén, y con un poco de aceite, se pone a freír el pollo junto con el jamón cortado en cuadraditos pequeños. Cuando empieza a dorarse se saca a una cazuela de barro amplia, y en el mismo aceite se ponen el pimiento, la cebolla y, un poco después, los ajos, todo picado menudo. Cuando empiezan a tomar color se añaden los tomates pelados, despepitados y picados, y se deja que se haga, a fuego lento y removiendo con frecuencia, durante unos minutos. Después se echa sobre el pollo, junto con dos vasos de agua y un poco de sal, para que cueza todo junto. Cuando el pollo está casi cocido se le añaden las patatas cascadas (es decir, en vez de cortar hasta el final, se mete el cuchillo hasta la mitad y se tira para arrancar el trozo) y se deja que siga cociendo hasta que las patatas estén blandas. Tiene que quedar con una salsa espesa. Si está demasiado clara debido a la calidad de la patata, se sacan tres o cuatro trozos de patata, se aplastan con un tenedor y se vuelven a echar al guiso para que lo espese. Se sirve muy caliente en la misma cazuela de barro.

Pollo al jugo de carne

*Medio pollo pequeño
por persona
Cuatro zanahorias
Dos cebollas
Un tomate maduro
Hierbas aromáticas*

*Un kilo de huesos de
ternera o vaca
Dos puerros
Dos dientes de ajo
Vino blanco
Aceite de oliva*

Sal

Conviene preparar la víspera el fondo de carne. Para ello, se meten los huesos al horno, sin nada, para que tomen color y suelten la grasa. Cuando están bien tostados se sacan, se trituran lo más posible (lo que no es difícil, pues se han vuelto muy quebradizos) y se ponen a cocer en una olla, en abundante agua fría, junto con dos zanahorias, un puerro, una cebolla y los ajos, todo picado, más un saquito de hierbas aromáticas (tomillo, orégano, albahaca, ...), pero sin añadir sal. Debe cocer durante un mínimo de dos horas. Al principio hay que espumarlo bien y luego no dejar de vigilarlo para que siempre cueza con agua suficiente, por lo que habrá que añadir agua fría en dos o tres ocasiones. No obstante, el caldo ha de reducirse como mínimo hasta la mitad. Por último, se cuela por un colador fino y se reserva. Si este jugo o fondo de carne se prepara la víspera y se guarda en la nevera, ahora es más fácil retirar de la superficie toda la grasa que tenga. Aparte, en una cace-

Partidario soy de las causas secundarias, y creo firmemente que el género entero de las gallináceas fue creado únicamente para abastecer nuestras despensas y enriquecer nuestros banquetes.
BRILLAT-SAVARIN

rola ancha se pone al fuego un cacillo de aceite con dos zanahorias, un puerro, una cebolla y el tomate, todo en trozos. Se rehogan durante unos minutos y después se ponen encima los pollos limpios, atados para que no se abran y con sal. Cuando empiezan a tomar color se añade un vaso de vino blanco y se dejan destapados para que sigan haciéndose despacio. Un poco antes de que estén hechos del todo se sacan de la cacerola y se trinchan en cuartos, es decir, pechuga por un lado y pata y contrapata por otro. Los cascarones se vuelven a poner con las verduras, se les agrega un vaso de agua y se deja cocer un rato más. Después, se sacan los cascarones, se echa una cucharada de harina tostada o de maizena disuelta en un poco de agua fría, se da otro hervor hasta que espese y se pasa por un pasapurés. Se añade entonces al caldo de los pollos el fondo de carne que se había preparado. Se vuelve a poner al fuego para que siga reduciéndose, hasta que adquiera la consistencia de una crema clarita. Si la salsa no ha quedado de color caramelo oscuro (porque los huesos no estarían bien tostados), se puede oscurecer con unas gotas de azúcar quemada: se pone a tostar una cucharada de azúcar hasta que se pone negra y se le añade un poco de agua para disolverla. Cuando la salsa está ya terminada conviene pasarla por la batidora, para que quede más fina. Se coloca el pollo trinchado en una cazuela de barro y se cubre con la salsa, que se prueba de sal y se rectifica en caso necesario.

Debe cocer todo junto un rato más, para que el pollo termine de hacerse y coja el gusto de la salsa.

Se puede servir con arroz blanco como guarnición.

Pollo de Aranda

Un pollo de un kilo y medio	Cinco dientes de ajo
Pan	Perejil
Azafrán	Vinagre
Aceite de oliva	Sal

Se parte el pollo en trozos más bien pequeños, o al comprarlo se pide al pollero que lo haga. Se limpia y se lava bien, y se sala. En una cacerola se pone al fuego un cacillo de aceite. Cuando está caliente se ponen a freír los ajos enteros y tres rebanadas de pan. Una vez dorados, se sacan y se ponen en el mortero, donde se moja el pan frito con vinagre, se agregan perejil picado y unas hebras de azafrán, y se machaca bien. Una vez bien machacado todo, se echa en el mortero un vaso de agua, se mezcla bien y se reserva. En el mismo aceite en que se han frito el pan y los ajos, aumentándolo un poco por lo que haya mermado, se fríe el pollo a fuego vivo. Cuando empieza a tomar color, se le echa el contenido del mortero, se mueve bien para que se distribuya por igual y se deja cocer a fuego lento, moviendo la cacerola por las asas con frecuencia para que no se agarre, hasta que el pollo esté tierno.

Si se reduce mucho la salsa se puede añadir un poco de agua, aunque debe quedar ligada y más bien espesita. Se sirve acompañado de arroz blanco o patatas asadas.

Y se prestaban a graves polémicas, como aquella que puso en claro que el muslo derecho es preferible al izquierdo, porque los pollos se apoyan en aquel para rascarse con éste, que está más musculado, y por ende más recio. Pero esto es casi metafísica.
ALVARO CUNQUEIRO

Pichones estofados

Seis pichones	*Dos cebollas*
Dos puerros	*Cuatro zanahorias*
Tres tomates maduros	*Tres dientes de ajo*
Vino blanco	*Laurel*
Orégano	*Tomillo*
Pan	*Aceite de oliva*
	Sal

Se limpian bien los pichones, llameándolos por fuera y lavándolos al chorro por dentro. Se escurren bien, se atan un poco con bramante y se salan. En una cacerola grande, con aceite caliente que cubra bien el fondo, se colocan los pichones extendidos, sin montarlos unos sobre otros. Cuando empiezan a dorarse, se les añaden la cebolla, el puerro, las zanahorias y los ajos, todo picado menudo, y se rehoga bien. Al rato se agregan los tomates pelados y despepitados, cortados en trozos no muy grandes. Se deja que se hagan un poco las verduras con los pichones, y entonces se agregan un vaso de vino blanco, una hoja de laurel, una ramita de tomillo, una pizca de orégano y sal. Los pichones deben hervir así con el vino durante unos diez minutos, y después se añade agua hasta cubrirlos para que cuezan hasta que estén tiernos. Cuando los pichones están bien hechos se sacan de la salsa, se les quita el bramante y se colocan en una cazuela de barro, en la que se van a servir. La salsa se pasa por un pasapurés y, si queda clara, se pone al fuego para que se reduzca, y se echa sobre los pichones. Se sirven bien calientes y acompañados de unas rebanadas de pan frito.

Pichones a la casera

Seis pichones	250 gramos de jamón con tocino
Dos cebollas	Dos pimientos verdes
Dos berenjenas	Cuatro dientes de ajo
Vino blanco	Pimentón dulce
Tomillo	Orégano
Pimienta negra	Aceite de oliva
Sal	

Se limpian bien los pichones, se llamean, se les quitan los cañones y se parten por la mitad a lo largo. Se salan y se ponen a escurrir. En una cacerola se pone un cacillo de aceite al fuego, y cuando está caliente se fríen los ajos enteros, que se retiran y se reservan. En ese mismo aceite se echan los pichones y se rehogan un poco. Cuando empiezan a tomar color se les añade la cebolla picada, el jamón en cuadritos y el pimiento en trozos, y se deja freír unos minutos, moviendo con frecuencia para que se saltee todo por igual. Cuando todo está dorado se añaden los tomates pelados, partidos y sin pepitas, las berenjenas en trozos y media cucharada de pimentón, y se deja que siga rehogándose unos minutos más. Mientras, en el mortero, se machacan los ajos fritos con un poco de tomillo, orégano y unos granos de pimienta. Se moja el machacado con un vaso de vino blanco, se mezcla bien y se echa sobre los pichones. Se dejan cocer, con la cacerola tapada y a fuego más bien lento, hasta que estén tiernos. Si se redujera mucho el caldo porque los pichones son duros y tardan en hacerse, se puede añadir un poco de agua. Cuando están hechos se sacan a una fuente y se cubren con las verduras y la salsa. Se sirven acompañados de patatas hervidas o al vapor.

Perdices escabechadas

Dos perdices Cuatro dientes de ajo
Una cebolla Laurel
Tomillo Pimienta negra
Aceite de oliva Vinagre
Sal

En una cacerola se ponen al fuego, con un cacillo de aceite, las perdices partidas en cuatro trozos cada una y sazonadas con sal. Se rehogan un poco, y antes de que tomen color se añaden los ajos y la cebolla cortada en juliana fina, se sigue rehogando y por último se le echan un vaso de vinagre, que debe ser de buena calidad, y dos de agua, unos granos de pimienta negra, dos hojas de laurel, un poco de tomillo y un poco de sal. Se dejan cocer hasta que estén tiernas, vigilando con frecuencia. Al reducirse el caldo, se va añadiendo más agua y vinagre en la proporción anterior. No suelen cocerse todas en el mismo tiempo, por lo que no hay más remedio que ir pinchándolas para sacar las que estén hechas, que se ponen en una cazuela de barro. Cuando están todas, se cubren con el caldo de escabeche y se guardan en sitio fresco. No se deben comer hasta pasados dos días, pues necesitan este tiempo para curarse con el escabeche y coger el gusto. Como guarnición y para adornar el plato se sirven pepinillos en vinagre cortados en forma de abanico, cebollitas en vinagre, lechuga, etc.

Es un trozo del otoño el que coméis, un trozo nostálgico de las eras de trigo, de centeno y de avena.
ALVARO CUNQUEIRO

Codornices con judías blancas

Doce codornices	400 gramos de judías blancas
Dos zanahorias	Una cebolla
Un puerro	Seis dientes de ajo
Laurel	Pimienta negra
Vino blanco	Vinagre
Aceite de oliva	Sal

Se limpian bien las codornices, poniéndolas por fuera a la llama y lavándolas bien por dentro. Se salan y se atan un poco con bramante para que tengan buena presentación y no se deshagan. En una cacerola se pone una capa de cebolla cortada en juliana fina, tres dientes de ajo enteros, dos hojas de laurel y unos granos de pimienta. Encima se colocan las codornices extendidas, y se les echa un chorro de aceite crudo por encima. Se ponen al fuego y se rehogan hasta que empiezan a dorarse. Entonces se les añaden medio vasito de vino blanco y otro medio de vinagre, se sube el fuego para que se reduzcan un poco y a continuación se echa un vaso de agua. Deben cocer así, a fuego lento, hasta que estén bien tiernas. A medida que van estando cocidas, pues no todas son igual de duras, se van sacando a una cazuela de barro grande y más bien plana, donde se les quita el bramante. Mientras, se habrán puesto a cocer las judías: después de una noche en remojo, se ponen en una olla con agua fría, las zanahorias y el puerro picados menudos, tres dientes de ajo enteros, dos hojas de laurel, unos granos de pimienta, un chorrito de aceite, tres

Era gloria ver la varia plumajería del capón, de la perdiz, de la tórtola, de la gallina, del pavo, zarzales, pichones, codornices, pollos, palomas y gansos, que, sacando por entre todas las cabezas de los cojeros, que parecían salir de los viveros.
GUZMAN DE ALFARACHE

cucharadas de vinagre y un poco de sal, todo en crudo. Las judías deben cocer así, a fuego lento y con la olla tapada, hasta que están tiernas. El tiempo de cocción dependerá de la clase de las judías, pero se puede calcular entre una hora y una hora y media. Es importante que estén cocidas, pero no deshechas. Se vuelcan entonces sobre las codornices, en la cazuela de barro (si las judías tienen mucho caldo, se quita un poco antes de juntarlas con las codornices, que por su parte aportan caldo al plato final). Se pone la cazuela al fuego para que cueza todo junto unos minutos, se prueba y se rectifica de sal si es necesario, y se sirven muy calientes.

Huevos a la Gran Taberna

Doce huevos	100 gramos de jamón serrano
100 gramos de chorizo de freír	Medio kilo de spaghetti
Jugo o concentrado de carne	Salsa de tomate
Una cebolla	Dos dientes de ajo
Perejil	Mantequilla
Queso rallado	Aceite de oliva
Vinagre	Sal

En una cacerola con agua y un chorrito de vinagre se cuecen durante cinco minutos los huevos, de manera que la yema quede blanda. También se pueden hacer escalfados en vez de cocidos: para ello se van cascando, de uno en uno, en agua hirviendo con sal y un chorrito de vinagre, dejándolos cocer hasta que la clara está cuajada y posteriormente reservándolos en un cacharro con agua templada y sal. Aparte, en una sartén amplia y con aceite que cubra el fondo, se pone a freír la cebolla picada menuda. Cuando empieza a dorarse se añaden los ajos, también muy picaditos, y un poco después el jamón y el chorizo, igualmente muy menudos. Se deja que se hagan durante dos o tres minutos y se añaden una taza de salsa de tomate y media taza de jugo o concentrado de carne. Debe cocer ahora otros cinco minutos para que se reduzca un poco el caldo, y por último se añade bastante perejil picado. Aparte se cuecen en abundante agua con sal los spaghetti, procurando que queden bien enteros (*al dente*), se escurren, se ponen en una fuente de horno y se les añaden un poco de mantequilla y otra media taza de jugo de carne. Se remueven bien y se colocan encima los huevos cocidos pelados o los huevos escalfados escurridos. Justo antes de servir se cubren con la salsa muy caliente y se meten a horno fuerte durante unos instantes, no más para que no se cuajen demasiado las yemas de los huevos. Se sirven con queso rallado aparte.

Huevos a la florentina

Huevos	Un kilo de espinacas frescas
Salsa bechamel	Tres huevos
Mantequilla	Medio limón
Vinagre	Sal

En una cacerola se pone a calentar bastante agua con un chorrito de vinagre. Cuando hierve se escalfan los huevos, dos por persona, cascándolos de uno en uno en el agua. Se sacan cuando la clara está cuajada y se reservan en un cacharro con agua caliente y sal. Se lavan muy bien las espinacas, en varias aguas, y se cuecen durante unos minutos en poca agua con sal y una pizca de bicarbonato. Se escurren muy bien, apretándolas en un colador para que suelten todo el agua. Se prepara una bechamel más bien espesa, de la que se retira una taza, y el resto se sigue haciendo con más leche para dejarla más clara. La taza de bechamel espesa se junta con las espinacas, se añade una cucharada de mantequilla blanda, se sazona y se bate en batidora hasta conseguir un puré fino y espeso. Este puré se extiende en una fuente de horno y se colocan los huevos escalfados encima. Aparte, y para hacer la salsa, se calienta en un cazo media taza de la bechamel clara y se añaden la mantequilla, para que se vaya derritiendo, y las tres yemas, que se van incorporando una a una. Se deja dar un hervor y se retira. Aparte se montan las claras a punto de nieve, con un poco de sal y unas gotas de limón. Cuando están bien duras se incorporan a la salsa templada, mezclándolas con una cuchara o espátula de madera, pero sin batir enérgicamente, pues se bajarían. Una vez bien mezclada con las claras, se echa la salsa sobre los huevos cubriendo la fuente. Se gratina en el horno justo antes de servir, sólo unos momentos, para que las yemas no se cuajen demasiado.

Tortilla guisada

Tres cuartos de kilo de patatas
Seis huevos
100 gramos de chorizo de freír
Una taza de caldo de carne
Harina

Dos cebollas
100 gramos de jamón serrano
Una taza de salsa de tomate
Aceite de oliva
Sal

Se pelan y se limpian las patatas y una cebolla, se cortan en rodajas finas y se fríen en abundante aceite y a fuego suave, de forma que queden blandas. Se escurren bien en un colador, se baten los huevos y se mezclan con las patatas, dejando que repose media hora para que se mezclen bien. Después, en una sartén mediana, se cuaja la tortilla procurando que quede bastante alta, pero al mismo tiempo bastante blanda (pues luego cocerá un poco con la salsa), y se reserva. Para hacer la salsa, se pone a freír una cebolla muy picada. Cuando empieza a dorarse se añaden el jamón y el chorizo picados, y se deja que se hagan durante dos o tres minutos. Se agrega entonces una cucharada de harina, que se fríe removiendo sin parar hasta que toma color, momento en el que se añaden una taza de salsa de tomate y otra de caldo de carne. Se deja cocer unos minutos para que se reduzca; debe quedar una salsa ligada pero ligera. Se parte la tortilla en trozos grandes y se colocan en una cazuela de barro, se cubre con la salsa y se pone a cocer unos minutos todo junto antes de servir.

En los días que se prohibe comer carne, tenemos, en lugar de carne, huevos cocidos al rescoldo, fritos o estrellados o pasados por agua, cada uno de por sí, o en tortilla en la sartén, con un poco de vinagre o agraz.
JUAN LUIS VIVES

Tortilla en salsa verde con guisantes

Tres cuartos de kilo de patatas　*Una cebolla*
Seis huevos　*Cuatro dientes de ajo*
Un cuarto de kilo de guisantes　*Aceite de oliva*
naturales (o una lata)　*Perejil*
Harina　*Sal*

Se pelan y limpian las patatas y la cebolla, se parten en rodajas finas y se fríen en abundante aceite y a fuego suave, de forma que queden blandas. Se escurren bien en un colador, se incorporan a los huevos batidos, se mezclan bien y se dejan reposar durante media hora para que se empapen bien. Después se cuaja la tortilla en una sartén mediana, procurando que quede bastante alta, pero al mismo tiempo bastante blanda, ya que luego tiene que cocer un poco con la salsa. Para hacer la salsa verde, se ponen a freír en un poco de aceite los ajos muy picados. Cuando empiezan a dorarse se añaden dos cucharadas de harina y se deja hacer un poco, revolviendo sin parar, hasta que toma un poco de color. Se añade una taza de agua, se deja hervir y se va añadiendo poco a poco más agua a medida que va espesando. Debe quedar una salsa clara pero ligada. Aparte se cuecen los guisantes en abundante agua con sal, si son naturales, se escurren y se añaden a la salsa, dejando cocer todo junto unos minutos. Por último se añade bastante perejil muy picado.

Se parte la tortilla en trozos grandes, que se colocan en una cazuela de barro, se cubren con la salsa y se deja cocer unos minutos justo antes de servir.

Nos parece absurdo que en el Paraíso terrenal, donde abundaban los huevos, se le ocurriese a alguien la infeliz idea de comerse precisamente una manzana.
HARRY SCHRAEMLI

Tortilla de acelgas

Seis huevos   *Medio kilo de acelgas*
Un puñado de almendras   *Un diente de ajo*
Aceite de oliva   *Sal*

Se toman las pencas de las acelgas, se lavan bien, se pican en trozos pequeños y se cuecen en agua con sal y un chorrito de aceite. Cuando están tiernas se retiran y se escurren bien en un colador. Mientras, se tuestan las almendras en la placa del horno y, una vez frías, se muelen finas. Aparte se baten los huevos con un poco de sal y las almendras molidas. Por último, se unen los huevos con las acelgas, mezclando todo bien. En una sartén mediana se pone un poco de aceite, que cubra el fondo, y se fríe el ajo muy picadito. Cuando empieza a dorarse se cuaja la tortilla a fuego medio por ambas caras.

Acaso la más difícil invención que exista ya en el mundo para el ingenio humano, sea la invención de una tortilla, de tal modo todas las razas en todas las edades se dieron prisa en echar en la sartén, con los huevos batidos, cuantos productos comestibles aportan a la mesa del hombre los dos reinos masticables de la Naturaleza.

DIONISIO PEREZ

Carnes

Morcillo de ternera

Un morcillo de ternera blanca
Tres dientes de ajo
Aceite de oliva

Cinco cebollas grandes
Vino blanco
Sal

Es importante que el morcillo, que puede pesar entre un kilo y un kilo y cuarto, sea de ternera muy blanca y de buena calidad, pues de ello dependerá que quede tierno y jugoso. Se ata el morcillo con bramante, se sala y se pone a dorar, a fuego vivo, en una cacerola con aceite caliente y los ajos partidos en trozos. Cuando ha tomado color por todos los lados, se cubre con las cebollas cortadas en juliana y se deja que se vaya haciendo a fuego lento y con la cacerola tapada. Cuando la cebolla ya se ha oscurecido, se echa por encima un vaso de vino blanco, y se deja que siga cociendo, ahora destapado, durante unos minutos. A continuación se vuelve a tapar y se deja que cueza de una a dos horas a fuego muy lento, vigilando con frecuencia para que no se agarre al fondo y reponiendo un poquito de agua en caso necesario. Cuando esté muy cocido, perfectamente tierno, se saca, se corta a lo largo en lonchas no muy finas y se coloca en la fuente en la que se va a servir. La salsa se pasa por un pasapurés y se echa por encima, teniendo en cuenta que tiene que quedar más bien espesa. También se puede servir la salsa sin pasar, pues la cebolla estará muy hecha y blanda. Se sirve acompañado de patatas a lo pobre.

Ragout de ternera

Un kilo y cuarto de ternera blanca   Dos cebollas
Tres zanahorias   Dos tomates
Dos dientes de ajo   Tres cuartos de kilo de patatas
Vino tinto   Pimienta negra
Hierbas aromáticas   Aceite de oliva
Sal

P uede utilizarse morcillo, falda o cualquier otra pieza de ternera blanca que sirva para guisar. Se limpia bien la carne, quitándole los huesos, nervios y ternillas, y se parte en dados no muy grandes. En una sartén se pone a calentar una taza de aceite. Cuando está bien caliente se saltea la carne, previamente sazonada con sal y pimienta. Una vez que la carne ha tomado color, se saca de la sartén y se coloca en una cacerola. En el mismo aceite en que se ha salteado la carne, se ponen a freír la cebolla primero y los ajos un rato después, ambos picados muy menudos. Cuando empiezan a dorarse se añaden las zanahorias peladas y cortadas en rodajas finas y los toma- tes pelados, despepitados y picados. Se deja hacer a fuego lento revolviendo con frecuencia para que todo se fría por igual. Una vez bien hechas las verduras, se agrega un vaso de vino tinto y se deja que dé un hervor. Se echa esta fritada en la cacerola de la carne, se añaden las hierbas aromáticas y se cubre con caldo (de cocer huesos de carne, cascarones de pollo, verduras, ...) o con agua y se pone a

Como es preciso decirlo todo, existe una carne que se parece mucho a la de ternera cuando está cruda, y que se confunde con ella cuando está condimentada. Es la carne de burro, pero en circunstancias de crianza y edad análogas a las de la ternera.
ANGEL MURO (1893)

cocer todo junto. Hay que tener cuidado con las hierbas aromáticas, para evitar que predomine en exceso su sabor. Por ello, se echa muy poca cantidad o se ponen en un saquito para poder sacarlas a los diez minutos de cocer. El tiempo de cocción depende de la calidad de la carne, pero puede calcularse que necesitará unos tres cuartos de hora como mínimo. Por último, cuando la carne está casi cocida, se añaden las patatas cascadas (se mete el cuchillo y se tira para arrancar el trozo) y se mantiene cociendo hasta que están blandas. La salsa tiene que quedar ligada y de color oscuro. Si quedase muy clara, se espesa aplastando unas patatas con un tenedor o añadiendo una cucharada de maizena disuelta en un poco de agua fría.

Fricandó de ternera

Un kilo y cuarto de babilla de ternera
100 gramos de jamón serrano en un trozo
Dos cebollas
Dos zanahorias
Dos tomates
Dos dientes de ajo
Un puñado de almendras crudas
Dos patatas
Caldo de carne
Jerez seco
Tomillo
Laurel
Orégano
Pimienta negra
Harina
Aceite de oliva
Sal

Una vez bien limpia de nervios y de grasa, se parte la carne en trozos medianos, se les pone sal y se pasan por harina. En una sartén con un poco de aceite se van friendo a fuego vivo hasta que se doran. A medida que están se van sacando a una cacerola, en la que después se ponen el jamón partido en cuadraditos y una copa de jerez seco. Se completa con caldo de carne hasta que lo cubra y se pone a cocer a fuego lento. En el mismo aceite en que se ha rehogado la carne se pone a freír la cebolla, picada no demasiado pequeña, y un poco después los ajos, las zanahorias y los tomates en trozos. Cuando está hecha la fritada, se añade una pizca de tomillo y de orégano, una hoja de laurel, un poco de pimienta negra molida, una cucharada de harina, las almendras molidas y una taza o un poco más de caldo. Se remueve bien y se deja cocer a fuego lento durante unos quince minutos. Si se espesa demasiado se puede añadir más caldo. Finalmente, se pasa por el pasapurés. Esta salsa se añade a la carne para que siga cociendo con ella hasta que esté tierna.

En el último momento se fríen unas patatas en cuadraditos, que se echan por encima de la carne en el momento de servirla.

Ternera trufada

Un kilo de carne de
ternera picada
Dos dientes de ajo
Tres o cuatro trufas
Pimienta negra
Mantequilla

Un cuarto de kilo de
jamón serrano
Tres huevos
Vino blanco
Nuez moscada
Sal

Se pica muy menudo la mitad del jamón y se mezcla bien con la ternera. A continuación se añaden los huevos batidos con los ajos también muy picados, un poquito de nuez moscada, un poco de pimienta negra molida, un poco de sal, la mitad de las trufas picadas con su caldo y, por último, un vasito de vino blanco. Se mezcla todo muy bien con una cuchara de madera. Aparte, se corta la otra mitad del jamón en tiras y se filetean el resto de las trufas. Se unta un molde rectangular con mantequilla para que no se pegue la carne, y se va alternando una capa de la carne picada y una capa de jamón en tiras y de trufas. Cuando está todo bien colocado, se pone el molde a cocer en el horno metido en un cacharro con agua, para que se haga al baño María durante una hora y media. Pasado este tiempo, se saca del horno y se pone a enfriar con algo de peso encima para que quede prensado. Cuando se ha enfriado del todo se desmolda, se corta en lonchas y se coloca en una fuente, que puede ir adornada con gelatina y huevo hilado.

Blanqueta de ternera

Un kilo y cuarto de ternera blanca
Una pata de ternera
Dos zanahorias
Un cuarto de kilo de
cebollitas francesas
Dos huevos
Mantequilla
Harina
Vinagre

Dos huesos de rodilla
Una cebolla
Dos nabos
Un cuarto de kilo de
champiñón fresco
Un limón
Nata líquida
Hierbas aromáticas
Sal

Se parte la ternera en trozos grandes (si es morcillo en dos o tres trozos) y se pone con los huesos en agua fría durante una hora aproximadamente. De esta manera la carne suelta toda la sangre y la blanqueta queda después con el color blanco que la caracteriza. Mientras, se pone la pata de ternera a remojar durante un rato en agua fría con vinagre y sal. Después se escurre, se lava bien y se pone a cocer durante diez minutos en agua limpia. Pasado este tiempo, se retira y se escurre bien. Se ponen a cocer los dos huevos. En una cacerola con bastante agua se ponen a cocer la carne, los huesos y la pata con la cebolla partida en trozos, las zanahorias y los nabos, también en trozos grandes, una pizca de hierbas aromáticas y sal. Cuando la ternera está bien tierna (tres cuartos de hora como mínimo, aunque depende mucho de su calidad), se saca, se deja enfriar un poco y se parte en dados pequeños, quitando los huesos, ternillas y nervios que tenga. A media que se va limpiando y troceando se va colocando en un recipiente que se pueda poner en el fuego, en el que también se sacará a la mesa. Se cuela el caldo en que ha cocido la ternera y se reserva para hacer la salsa. Aparte se cuecen las cebollitas peladas en un poco de agua con sal; se retiran cuando están cocidas pero no deshechas, sino aún un poco enteras, se escurren y se añaden a la ternera. El champiñón se limpia y se lava muy bien, para quitarle toda la tierra, y se cuece en agua con sal y el zumo de medio limón. Cuando está blando, se retira del fuego, se escurre y se filetea, y se añade a la ternera. Lo mismo se hace con los nabos cocidos, partidos en trozos pequeños. Por último, para hacer la salsa se calientan en una sartén dos cucharadas de mantequilla y se rehoga bien en ella una cucharada de harina, removiendo para que se haga un poco. Después se añade al caldo que se ha reservado, y se pone a cocer para que espese. Se deshacen asimismo en esta salsa las yemas de los huevos cocidos, y se agrega un vasito de nata líquida. Tiene que quedar una salsa blanca y gelatinosa. Se vierte sobre la ternera y las verduras, se deja que dé un hervor todo junto durante unos minutos, se rectifica de sal y se sirve muy caliente acompañada de arroz blanco.

La pata de ternera se puede aprovechar, si está bien cocida, fileteándola y aliñándola con una vinagreta fría.

Aleta de ternera rellena

Un kilo de aleta de ternera
Un cuarto de kilo de
carne de ternera picada
Dos huevos
Dos dientes de ajo
Perejil
Aceite de oliva

Dos cebollas grandes
100 gramos de jamón
serrano en un trozo
Doce aceitunas sin hueso
Vino blanco
Pimienta negra
Sal

Este plato puede hacerse con otra pieza de carne que no sea aleta, como por ejemplo vacío, plana o cualquier otra que pueda abrir el carnicero y dejarla plana y fina. La carne se abre, se extiende bien, se sala al gusto y se reserva. Se prepara entonces el relleno. En primer lugar, se hace una tortilla francesa de dos huevos, que cuando se ha enfriado un poco se corta en tiras. El jamón también se corta en tiras. Por otro lado, la carne picada se aliña con los ajos y el perejil muy picados, sal y un poco de pimienta. A continuación se extiende bien la carne picada sobre la aleta y se va colocando todo lo demás, alternando la tortilla, el jamón y las aceitunas partidas en trozos. Se enrolla bien, de manera que el relleno quede repartido por igual, y se ata muy prieta con bramante. Se pone el rollo de carne a freír en una cacerola con un poco de aceite, lo justo para que cubra el fondo. Se hace a fuego vivo, de manera que se dore rápidamente por todos los lados. Una vez que se ha dorado, se hace la carne a horno fuerte, cubierta por las cebollas partidas en trozos. Cuando ésta empieza a ponerse oscura, se echa por encima un vaso de vino blanco y se deja

Sólo se puede hablar de cocina cuando las cosas tienen el gusto de lo que son.
CURNONSKY

en el horno hasta que la carne esté tierna, lo que se comprueba pinchándola con un cuchillo de punta fina. Se deja enfriar y, cuando está templada (para que no pierda jugo), se prensa poniendo peso encima. Una vez fría, se corta en lonchas muy finas, lo que resulta más fácil si se ha hecho el día anterior y ha estado toda la noche en la nevera. La salsa se pone a reducir a fuego fuerte y se pasa por un pasapurés. Si no quedase bastante ligada, se le añade una cucharada de maizena disuelta en un poco de agua fría. Cuando rompe a hervir se retira y se sala al gusto. Se sirve con la salsa caliente aparte, y se puede acompañar de puré de patata.

Albóndigas de ternera

Un kilo de carne de ternera picada	Dos huevos
Tres dientes de ajo	Dos cebollas
Dos patatas	Vino blanco
Salsa de tomate	Harina
Pan	Leche
Perejil	Pimienta negra
Aceite de oliva	Sal

Se baten los huevos junto con los ajos y el perejil muy picados y se unen con la carne y con una taza de miga de pan empapada en leche. Se mezcla bien, amasando con las manos, y se sazona con sal y pimienta molida al gusto. Se hacen las albóndigas, no muy grandes, sobre una tabla y con ayuda de harina para poder trabajarlas bien. Se fríen en una sartén con aceite bien caliente, y a medida que se doran se van sacando a una cacerola. Cuando están todas las albóndigas, se añaden un vaso de vino blanco y otro de agua y se ponen a cocer destapadas. Mientras, se prepara aparte la salsa: se fríe la cebolla picada muy menuda y cuando está dorada se añade una cucharada de harina, se fríe unos momentos, removiendo sin cesar, para que la harina se haga un poco y se incorpora una tacita de salsa de tomate. Se mezcla bien y se añade esta salsa a las albóndigas, que ya estarán cociendo, y se deja que sigan cociendo a fuego lento durante unos quince minutos aproximadamente, moviendo con frecuencia la cacerola por las asas para que no se agarren. Antes de servirlas, se fríen las patatas cortadas en cuadraditos pequeños y se echan por encima de las albóndigas.

Menestra de ternera

Un kilo de carne de ternera
Medio kilo de patatas
Un kilo de guisantes
Dos zanahorias grandes
Dos cebolla
Aceite de oliva
Harina

Medio kilo de alcachofas
Un cuarto de kilo de
cebollitas francesas
Medio kilo de champiñón
Dos dientes de ajo
Salsa de tomate
Perejil

Sal

Puede utilizarse morcillo, aguja o cualquier otra pieza de ternera para guisar. Se limpia bien la carne, quitándole los nervios y ternillas, se parte en trozos pequeños y se sala. En una sartén con un poco de aceite bien caliente se saltea la carne a fuego vivo. A medida que se dora se va sacando a una cacerola. En el mismo aceite en que se ha salteado la carne, se ponen a freír la cebolla primero y los ajos un poco después, ambas cosas picadas muy menudas. Cuando la cebolla está dorada se añaden las zanahorias cortadas en rodajas finas, una cucharada de harina, dos cucharadas de salsa de tomate y, por último, un poco de perejil picado. Se revuelve bien y se deja hacer durante un rato. Una vez que se ha frito todo bien, se junta con la ternera, se añade un vaso de agua y se pone a cocer. Cuando empieza a hervir, se añaden en primer lugar los guisantes pelados. Unos diez minutos después, se agregan las cebollitas y los champiñones, al rato las alcachofas peladas y partidas en cuatro trozos (tras frotarlas con limón para evitar que se pongan negras) y, por último, las patatas en forma de bolitas. Se deja que cueza todo junto hasta que la carne esté tierna. Se pueden utilizar guisantes y champiñón de lata, en cuyo caso se incorporan en el último momento para que den un hervor con la carne.

Escalopines al jerez

Un kilo de filetes de ternera	Medio kilo de huesos
Una rama de apio	de ternera o vaca
Hierbas aromáticas	Un puerro
Dos zanahorias	Tallarines
Jerez dulce o solera	Huevos para rebozar
Mantequilla	Harina
Sal	Aceite de oliva

Para preparar los filetes, se limpian bien, quitándoles todos los nervios y la grasa, y se aplastan con la hoja del cuchillo. A continuación se salan, se rebozan con harina y huevo y se fríen en abundante aceite caliente. Cuando están dorados por ambos lados se sacan de la sartén, se escurren bien del aceite y se van colocando en una cazuela de barro. Mientras, se pican las zanahorias, el puerro y el apio y se ponen a cocer en aproximadamente dos litros de agua junto con los huesos, sal y una pizca de hierbas aromáticas (tomillo, albahaca, orégano...). Tiene que cocer durante bastante tiempo, para conseguir un sabroso caldo de carne. Cuando el agua se ha reducido a menos de la mitad, se retira y se cuela por un chino o colador, poniendo después el caldo a enfriar para poder quitar con más facilidad la grasa que se acumula en la superficie. Por ello, conviene hacer el caldo de carne el día anterior. Para hacer la salsa, se pone a cocer el caldo, ya colado y desengrasado, con un vaso de jerez y una cucharada de harina disuelta en un poco de caldo frío. Se

Las mejores carnes son el carnero y el cabrito, los becerros y becerras, y los machos, mejores que las hembras; y los nuevos, mejores que los viejos; la mitad derecha, mejor que la izquierda.
ALFONSO CHIRINO (1506)

prueba de sal y se rectifica si es necesario. Cuando ha cocido entre diez y quince minutos se retira. Si se desea que quede más fina, y ya fuera del fuego, se puede añadir ahora un vasito de nata líquida. Se cubren los escalopines con la salsa y se ponen de nuevo al fuego durante unos minutos. Si la carne es tierna, bastará con que dé un hervor junto con la salsa. Aparte, se cuecen los tallarines en abundante agua con sal, se escurren y se saltean con mantequilla. Se sirven en una fuente aparte como guarnición de los escalopines.

Rabo de buey con judías

Un rabo de buey o de novillo
Cuatro zanahorias
Dos puerros
Laurel
Pimentón dulce
Vinagre
Sal

Medio kilo de judías blancas
Dos cebollas
Un tomate maduro
Pimienta negra
Vino blanco
Aceite de oliva

L a víspera se ponen en remojo las judías en agua fría y en otro cacharro el rabo, también en agua fría pero éste con sal y un chorro de vinagre. Antes de guisar el rabo, que debe estar partido en trozos, se lava bien, se escurre y se sala. Las judías se ponen a cocer en una olla con bastante agua fría, junto con una cebolla picada, una zanahoria en rodajas finas, unos granos de pimienta, una hoja de laurel y un chorro de aceite de oliva crudo. Deben cocer a fuego lento, vigilando con frecuencia por si se quedan demasiado secas, en cuyo caso se añade un poco más de agua fría. La sal se echa al final, cuando están casi cocidas. Se retiran cuando están blandas pero no deshechas. Aparte, en una cacerola se rehoga, poniéndolo todo a la vez y en crudo, el rabo con una cebolla cortada en juliana fina, tres zanahorias en rodajas, dos puerros en trozos, el tomate picado, una hoja de laurel, unos granos de pimienta, una cucharada de pimentón, un vasito de vino blanco, dos cucharadas de vinagre, una taza de aceite y sal. Cuando se ha evaporado el vino, se añade agua hasta que quede casi cubierto y se pone a cocer. Tardará en cocerse de dos a tres horas, dependiendo de la clase de la carne. El rabo tiene que quedar tierno y gelatinoso. Una vez cocidas las judías por un lado y también el rabo por otro, se escurren un poco las judías y se echan sobre el rabo, dejando que dé un hervor todo junto.

Estofado de vaca

Un kilo de morcillo de vaca	Dos cebollas grandes
Tres zanahorias	Una cabeza de ajos
Dos tomates	Tres cuartos de kilo de patatas
Una onza de chocolate sin leche	Laurel
Pimienta negra	Pimentón dulce
Vino blanco	Vinagre
Aceite de oliva	Sal

Este plato se puede hacer también con cualquier otra pieza de carne que sirva para guisar. Se limpia bien la carne, quitándole todos los nervios y ternillas y la mayor parte de la grasa, y se corta en trozos como de bocado. En una cacerola se pone la carne junto con las cebollas en juliana fina, las zanahorias en rodajas, la cabeza de ajos entera y los tomates pelados, despepitados y troceados. Se añaden también dos hojas de laurel, unos granos de pimienta, una cucharada de pimentón, un cacillo de aceite crudo y sal. Se pone a fuego vivo, removiendo continuamente para que se mezcle todo bien, y cuando empieza a tomar color se echan por encima un vaso de vino blanco y medio vaso de vinagre, se baja el fuego y se deja que cueza destapado durante unos diez minutos. Pasado este tiempo, se cubre con agua y se deja que siga cociendo, con la cacerola tapada, hasta que la carne está tierna. Aunque el tiempo de cocción depende de la calidad de la carne, puede calcularse que tardará entre una hora y una hora y media. Cuando ya le queda poco tiempo, se añaden las patatas cascadas, se deshace el chocolate en la salsa y se pone al fuego hasta que las patatas estén cocidas. La salsa tiene que estar ligada y espesa; si quedara muy clara, se pone unos minutos a fuego fuerte para que se reduzca, cuidando de que no se pegue al fondo, o también se pueden sacar unos trozos de patata cocida, deshacerlos con un tenedor y volverlos a echar al guiso.

Vaca a la moda

Un rabillo (punta de
la cadera) de vaca
Dos cebollas
Una rama de apio
Un litro de vino tinto
Clavo
Perejil
Azúcar
Sal

Seis zanahorias
Cinco dientes de ajo
Cuatro puerros
Cuatro tomates maduros
pequeños
Tomillo
Pimienta negra
Aceite de oliva

S e ata la carne con bramante y se pone en una cacerola grande, en la que se ponen también las zanahorias, las cebollas, los puerros, los tomates, el apio y los ajos, todo pelado, lavado y troceado no demasiado pequeño. Se añaden asimismo bastante perejil, un poco de tomillo, unos granos de pimienta, dos clavos y sal al gusto. Por último, se echa el vino tinto por encima, de forma que cubra bien la carne y las verduras, y se deja macerar durante seis u ocho horas en un lugar fresco. Pasado este tiempo, se saca la carne y se escurren las verduras en un colador, reservando el vino. Se pasa la carne por harina y se fríe en una cacerola con un poco de aceite, lo justo para que cubra el fondo. Se fríe a fuego vivo para que se dore rápidamente por todos los lados. Una vez dorada la carne, se añaden las verduras escurridas y se

¡El buey! Enorme y suculento animal, que en las tablas de los mercados se confunde con la vaca, que vaca se llama en España, cuando de comerlo se trata, lo mismo que en Francia, que por contrariarnos sin duda, se llama buey a toda vaca comestible.

ANGEL MURO (1893)

rehogan unos minutos junto con la carne. Después se añade el vino tinto y se deja que cueza todo junto. Al principio tiene que cocer con la cacerola destapada y, cuando se ha reducido el vino, se completa con un poco de agua y se deja que siga cociendo, ya con la cacerola tapada y a fuego lento, hasta que la carne esté blanda. Aunque el tiempo de cocción depende de la calidad de la carne, puede calcularse entre una hora y media y dos horas, vigilando con frecuencia y completando con un poco de agua si se redujera demasiado. Cuando la carne está cocida, se saca de la salsa y se pone a enfriar, para poder cortarla mejor. Mientras, se pasan las verduras, con todo el caldo, por el pasapurés: debe quedar una salsa más bien espesa. Si no fuera así, se espesa con una cucharada de maizena disuelta en un poco de agua fría y poniéndola a cocer hasta que espese.

Para que la salsa quede más fina, puede pasarse después por la batidora. Se prueba y rectifica de sal, y se le pone un poco de azúcar para quitarle la acidez.

Por último, se corta la carne en lonchas no muy finas, se ponen en una cazuela de barro y se cubren con la salsa para que todo junto dé un hervor antes de servir.

Se sirve acompañada de puré de espinacas y puré de patata.

Filetes de vaca guisados

Un kilo de filetes de vaca
cortados finos
Dos zanahorias
Un cuarto de kilo de guisantes
Salsa de tomate
Harina

Dos cebollas
Dos dientes de ajo
Aceite de oliva
Tres patatas
Vino blanco
Sal

Los filetes deben ser más bien finos. Se salan, se pasan por harina y se fríen un poco, a fuego vivo, en una sartén con aceite. A medida que están se van colocando en una cazuela de barro, bien extendidos y procurando que no queden amontonados. En ese mismo aceite se ponen a freír la cebolla primero y, un rato después, los ajos, ambos picados menudos. Cuando empiezan a dorarse se añaden las zanahorias cortadas en rodajas finas y una cucharada de harina. Se rehoga todo junto, revolviendo bien, y cuando la harina ha tomado un color dorado se añade un vasito de vino blanco y se deja que cueza unos minutos. Sobre los filetes se echan los guisantes pelados (que deben ser pequeños y tiernos), dos cucharadas de salsa de tomate y la salsa que se ha hecho en la sartén. Se añade un vaso de agua y se deja que cueza a fuego lento hasta que los guisantes estén blandos, teniendo cuidado de que no se agarre. Se prueba de sal y se rectifica en caso necesario. La salsa tiene que quedar bien ligada, casi espesa. Aparte, se fríen las patatas cortadas en cuadraditos y se echan por encima en el momento de servir.

Más valen dos bocados de vaca que siete de patata.
REFRANERO

Barquillos de carne de vaca

Doce filetes finos de vaca
Un chorizo pequeño
Un limón
Una cebolla
Harina
Aceite de oliva

Un cuarto de kilo de
jamón serrano
100 gramos de aceitunas
Caldo de carne
Nuez moscada
Sal

Se aplanan bien los filetes para que queden muy finos, se espolvorean con sal y nuez moscada, se echa por encima el zumo de un limón y se reservan. Aparte, se hace un picadillo con el jamón cortado en tiritas finas y el chorizo y las aceitunas en cuadraditos pequeños. Se mezcla todo bien y se va poniendo una cucharada en el centro de cada uno de los filetes extendidos. Se enrollan en forma de barquillo, sujetándolos con un palillo o atándolos con hilo para que no se abran. Estos rollitos se pasan por harina y se fríen en aceite bien caliente en una sartén, de donde se van sacando a una cacerola. En ese mismo aceite se fríe la cebolla picada muy menuda y, cuando está dorada, se añade el picadillo que haya sobrado de rellenar los filetes. Se saltea todo bien y se echa por encima de los filetes junto con dos cacillos de caldo.

A continuación, se ponen a cocer hasta que estén tiernos, que lo estarán enseguida, puesto que los filetes son muy finos. Si al cocer se reduce mucho la salsa, se puede añadir más caldo.

Se sirven acompañados de patatas fritas a la española.

Solomillos de cerdo con champiñón

*Un kilo de solomillos
de cerdo
Salsa bechamel
Un limón*

*Un kilo de champiñón
natural
Pimienta blanca
Aceite de oliva*

Sal

Se limpia y se lava bien el champiñón, dejándolo un rato en agua para que suelte toda la tierra, y se pone a cocer con bastante agua fría, un chorrito de aceite crudo y el zumo de medio limón para que quede más blanco. Cuando ha cocido unos diez o quince minutos, se escurre, se filetea fino y se reserva. Aparte se hace una salsa bechamel no muy espesa, sazonándola con sal y pimienta blanca molida. A continuación, se incorpora el champiñón a la bechamel, se mezcla bien y se reserva. Por otro lado, los solomillos se cortan en filetes, que se aplastan un poco, se salan y se fríen en sartén a fuego vivo, dejándolos un poco crudos por dentro. Una vez dorados, se colocan en una fuente de horno y se cubren con la bechamel y el champiñón. Por último, se mete unos minutos en el horno para que acabe de hacerse. Si se desea, se puede gratinar con un poco de mantequilla o queso rallado. Este guiso puede hacerse también con setas en vez de champiñón.

Babilla de cerdo a la naranja

Una babilla pequeña de cerdo   Cinco cebollas
Zumo de naranja   Azúcar
Aceite de oliva   Sal

Se limpia bien la carne, quitándole los nervios y la grasa que la rodea, se ata con bramante y se sala al gusto. Se pone a calentar un poco de aceite, que cubra el fondo de la cacerola, y cuando está bien caliente se echa la carne para que se dore bien por todos los lados. Cuando toda ella está dorada por igual, se añaden las cebollas cortadas en juliana fina, se tapa la cacerola y se deja que se haga a fuego muy lento hasta que las cebollas estén hechas y doradas. Entonces se añade un vaso de zumo de naranja y se deja cocer hasta que se compruebe, pinchando con un cuchillo fino, que la carne está cocida y tierna. Se saca la carne y se deja enfriar. Mientras, se pasa la salsa por un pasapurés. Debe quedar ligada pero no muy espesa. Si se ha reducido mucho y ha espesado demasiado, se puede aclarar añadiendo más zumo de naranja o un poco de agua. Cuando la carne está fría se quita el bramante, se seca con un poco de papel de cocina y se reboza en azúcar, de forma que quede bien cubierta por todos los lados. Después, se pasa por una sartén caliente para que se queme el azúcar y quede la carne acaramelada. Para cortar la carne en lonchas finas conviene esperar a que esté totalmente fría. Se puede servir fría como fiambre, con ensalada, o con la salsa caliente y acompañada de puré de patatas.

Eso es cosa grande, que, jabalí o no jabalí, ninguna cosa se hace del puerco que no sea sabrosa, con ser tantas que dice Plinio que se pueden sacar del puerco cincuenta sabores diversos.
JUAN LUIS VIVES

Filetes de pierna de cordero a la burgalesa

Una pierna de cordero pascual   Dos pimientos grandes
Dos dientes de ajo   Vino blanco
Huevos para rebozar   Azúcar
Harina   Aceite de oliva
Sal

Se deshuesa la pierna de cordero, o, si no se tiene costumbre de hacerlo, se le pide al carnicero que la deshuese y después haga de ella filetes más bien finos. Se salan los filetes, se rebozan con harina y huevo batido y se fríen en una sartén con bastante aceite bien caliente. Cuando están dorados se escurren bien del aceite y se colocan en una cazuela de barro. A continuación se echa por encima un vaso de vino blanco y otro de agua y se ponen a cocer a fuego lento hasta que están bien tiernos y se ha reducido el caldo. Aparte, se asan los pimientos en el horno, untados de aceite para que luego la piel se separe con más facilidad, se pelan, se cortan en tiras finas y se ponen a hervir con un poco de agua, un chorrito de aceite crudo, los ajos picados, una cucharada de azúcar y sal. Cuando los pimientos han dado un hervor, se colocan escurridos sobre la carne, reservando el caldo. Ya junto el cordero con los pimientos, se ponen a cocer de nuevo unos minutos más.

Tienen que quedar jugosos, pero no caldosos. Si quedasen muy secos por haber cocido muy deprisa, se añade un poco del caldo de cocer los pimientos.

Pierna de cordero rellena

Una pierna de
cordero pascual
100 gramos de jamón serrano
Un puerro
Dos tomates
Vino blanco

Dos huevos
Doce aceitunas sin hueso
Una cebolla
Dos zanahorias
Dos dientes de ajo
Aceite de oliva

Sal

Se deshuesa la pierna de cordero o, si no se tiene costumbre de hacerlo, se le pide al carnicero que lo haga. Se frota bien por dentro y por fuera con los ajos machacados y se sala al gusto. En el hueco que han dejado los huesos se meten los huevos cocidos y pelados, el jamón cortado en trozos no muy pequeños y las aceitunas. Se ata bien con bramante y se cosen los extremos para que no se salga el relleno. En una cacerola se pone un poco de aceite, lo suficiente para cubrir el fondo, y cuando está bien caliente se echa la pierna rellena y atada. Se fríe a fuego fuerte y, cuando está bien dorada por todos los lados, se añade la cebolla, las zanahorias, el puerro y los tomates, todo ello en trozos grandes. Se rehogan las verduras con la carne y cuando empiezan a dorarse se echa un vaso de vino blanco, se deja reducir y se completa con agua para que cueza. Tardará en cocerse como mínimo una hora. Como depende de la calidad del cordero, hay que pincharla de vez en cuando para comprobar si ya está hecha. Cuando la carne está perfectamente tierna, se saca de la salsa y se pone a enfriar. La salsa se pasa por un pasapurés, se prueba y se sala al gusto. Tiene que quedar ligeramente espesa. A la carne, cuando está casi fría, se le pone peso encima durante unas horas para que quede prensada y no se deshaga a la hora de cortarla. Se puede servir fría como fiambre, con ensalada, o con la salsa caliente y acompañada de puré de patata.

Chuletillas de lechazo a la milanesa

Veinticuatro chuletillas "de palo"
de cordero lechal
Huevos, harina y pan
rallado para empanar

Dos dientes de ajo
Salsa bechamel
Aceite de oliva
Sal

Se limpian bien las chuletillas, quitándoles la grasa y dejando el palo pelado. Se salan y se fríen en aceite caliente a la vez que los ajos partidos en trozos, pero dejándolas un poco crudas por dentro. Se escurren muy bien en papel de cocina, para que absorba todo el aceite de freír. Aparte, se prepara una bechamel espesa y cuando se ha enfriado un poco se van bañando en ella las chuletas de una en una, de forma que queden bien cubiertas de bechamel. Después se dejan enfriar, pudiéndose hacer incluso de un día para otro. Por último, se empanan pasándolas por harina, huevo batido y pan rallado, y justo antes de servirlas se fríen en abundante aceite caliente hasta que estén doradas. Se sirven acompañadas de patatas paja.

Cuando alguien diga que el cordero es comida de gente nómada y que tiene siempre tufo, es fácil comprobar que quien así blasfema no cató nunca tajada de recental o lechal en Castilla, en lugares segovianos, sorianos y burgaleses, y aun vallisoletanos...
JULIO ESCOBAR

Conejo con tomate

Un conejo grande o dos pequeños
Dos cebollas
Dos dientes de ajo
Perejil
Azúcar
Sal

100 gramos de jamón serrano
Un kilo de tomates maduros
Vino blanco
Harina
Aceite de oliva

El conejo, partido en trozos pequeños, se lava bien, se escurre y se sala al gusto. A continuación se aliña con un machacado que se hace en el mortero y que lleva dos dientes de ajo, un poco de perejil y un vasito de vino blanco, mezclándolo todo bien. Se deja en maceración durante una hora aproximadamente, y después se escurre y se secan los trozos de conejo. En una sartén con aceite bien caliente se fríen los trozos de conejo, pasados por harina, y a medida que se doran se van sacando a una cacerola. En el mismo aceite en que se ha frito el conejo se rehoga un poco el jamón partido en trozos pequeños y se añade al conejo. Para hacer la salsa, también en el mismo aceite, se pone a freír la cebolla muy picada y, cuando está dorada, se le añaden los tomates pelados, despepitados y picados. Se deja hacer durante unos minutos y se le pone sal y una cucharada de azúcar para contrarrestar la acidez de los tomates. Cuando este sofrito está a medio hacer, se echa por encima del conejo con un poco de agua y se pone a cocer hasta que el conejo esté tierno. Tiene que cocer a fuego lento, para que la salsa se vaya reduciendo poco a poco, y vigilando que no se agarre.

Despojos

Hígado de ternera encebollado

Un kilo de hígado de ternera en filetes finos
Aceite de oliva
Sal

Dos cebollas
Dos limones
Harina

Se limpian lo mejor posible los filetes de hígado, se salan, se pasan por harina y se fríen en una sartén con bastante aceite caliente. A medida que se van haciendo, bien fritos, se van colocando extendidos en una fuente, que se reserva sobre una placa caliente o en el horno para que no se enfríen. En ese mismo aceite se fríe la cebolla picada muy menuda. Cuando está dorada se añade el zumo de dos limones, se deja que dé un hervor y se vierte sobre el hígado. Antes de servirlo se calienta un momento al fuego.

No es mi intento escribir modos exquisitos de guisar, que para este fin ya hay muchos libros, que dieron a luz cocineros de Monarcas, pero la execucion de su doctrina es tan costosa, como dictada por lengua de plata; en ésta suena mas la lengua de oro de la caridad, ajustando el toque a personas por su instituto pobres.
JUAN DE ALTAMIRAS (1786)

Callos a la madrileña

Dos kilos de callos	Un kilo de pata de ternera
Un trozo de codillo de jamón	200 gramos de jamón serrano
200 gramos de chorizo	Dos puerros
Tres cebollas	Tres zanahorias
Tres dientes de ajo	Salsa de tomate
Pimienta negra	Laurel
Guindilla	Harina
Vinagre	Aceite de oliva
Sal gorda	

En primer lugar, se limpia la pata, chamuscando al fuego los trozos que tengan pelos, y se pone con los callos en remojo con bastante agua fría, un chorro de vinagre y un puñado de sal gorda. Conviene dejarlos así unas horas o incluso toda la noche. También se pone en remojo el codillo. Después, se lavan bien los callos y la pata y se ponen a cocer en una cacerola con agua limpia durante cinco minutos a fuego fuerte. Entonces se escurren y se vuelven a lavar bajo el chorro de agua fría. En una cacerola, y

El estómago del animal entra en el estómago humano como Pedro por su casa, suave y fácilmente. Y, ya en convivencia, se tratan como de sastre a sastre.... Es un plato tabernario o de figón, pero no de bares y cafeterías. Un alimento clásico, y no le van otros modos ni otras modas. Tiene a bien aceptar su escala proletaria, y desdeña los melindres y finuras. A pesar de su digestión, sedante, no es apto para princesas y madamas, y sí con destino a hombres de pelo en pecho, por su picantez y el abundoso riego vinícola que requiere la solidez alimenticia de este condumio.
JULIO ESCOBAR

con agua limpia, se ponen de nuevo a cocer con el codillo, el puerro, las zanahorias, una cebolla, los ajos, dos hojas de laurel, unos granos de pimienta y la sal. Cuando empiezan a cocer se quita la espuma que se forma en la superficie y se tapan. Necesitan un mínimo de tres horas para estar bien cocidos. A continuación se escurren, reservando el caldo para la salsa. Esta se prepara de la siguiente manera: en una sartén se pone a calentar una taza de aceite, y cuando está caliente se echan dos cebollas muy picadas. Cuando empieza a dorarse, se añaden el jamón y el chorizo cortados en rodajas finas, y se fríe todo junto unos momentos. Se agregan entonces una cucharada de pimentón, removiendo bien, y por último dos cucharadas de harina previamente tostada en una sartén seca o en el horno, una taza de salsa de tomate, dos rodajitas de guindilla y unas dos tazas, aproximadamente, del caldo de cocer los callos que se ha reservado. Las zanahorias, la cebolla y el puerro de cocer los callos se pasan por el pasapurés y se incorporan a la salsa. Se mezcla la salsa con los callos y se ponen a cocer unos minutos para que tomen bien el gusto de la salsa, pero teniendo mucho cuidado de que no se agarren. Se sirven muy calientes.

Callos con patatas

Un kilo de callos	Medio kilo de pata de ternera
Un cuarto kilo de patatas	Dos puerros
Dos cebollas	Dos dientes de ajo
Una zanahoria	Una ramita de tomillo
Un pimiento rojo seco	Un pimiento verde
Tres tomates maduros	Laurel
Pimentón picante	Aceite de oliva
Vinagre	Sal gorda

*L*o primero que hay que hacer es chamuscar la pata al fuego, para quitarle los pelos que quedan siempre. Después de lavarlos bien al chorro, se ponen los callos y la pata en remojo con bastante agua fría, un chorro de vinagre y un puñado de sal gorda, durante unas horas o incluso toda la noche. Entonces se vuelven a lavar bien al chorro y se ponen a cocer en una cacerola con agua limpia, a fuego fuerte, durante unos cinco minutos. Mientras, se pone a remojar en agua templada el pimiento seco. Pasados los cinco minutos se escurren los callos y se vuelven a lavar, una vez más, bajo el chorro de agua fría. En una cacerola, con agua limpia que los cubra, se ponen de nuevo a cocer con el puerro, la zanahoria y una cebolla, todo ello en trozos, más los ajos, el pimiento seco escurrido, una hoja de laurel, una ramita de tomillo y un poco de sal. Cuando empiezan a cocer se quita la espuma que se forma en la superficie y se tapan. Para que estén bien tiernos necesitan cocer un mínimo de tres horas. Cuando están cocidos se escurren y se reservan. Para hacer la salsa, se ponen a freír en una sartén una cebolla picada menuda y, un poco después, el pimiento verde también picado. Se deja hacer unos minutos y, cuando empiezan a dorarse, se agregan los tomates pelados, despepitados y partidos en trozos. Una vez hecho el tomate, se echa una cucharadita de pimentón, se revuelve bien

y se añade a los callos ya cocidos. Se mezcla todo bien y se vuelve a poner a
calentar. Cuando empieza a hervir de nuevo se echan las patatas
cascadas (se mete el cuchillo hasta la mitad de la patata y se
tira para "arrancar" el trozo) y se deja hacer hasta
que las patatas están cocidas.

Morros y pata a la vizcaína

Un kilo de morro de ternera

Tres zanahorias

Tres cebollas

Una docena de pimientos rojos secos

Orégano

Pimienta en grano

Guindilla

Vinagre

Dos patas de ternera

Dos puerros

Un tomate maduro

Cuatro dientes de ajo

Tomillo

Laurel

Pan

Aceite de oliva

Sal

El morro y las patas se compran ya partidos en trozos pequeños y bastante limpios. No obstante, conviene chamuscarlos al fuego si quedan restos de pelos. Unas horas antes de guisarlos, se ponen en agua fría que los cubra con sal y un chorro de vinagre. Después se escurren, se lavan bien y se ponen a cocer en una olla con abundante agua fría. Cuando han cocido unos cinco minutos, se escurren, tirando este primer agua, y se ponen nuevamente a cocer en agua limpia con las zanahorias enteras, los puerros, unos cascos de cebolla, sal, un poco de tomillo y orégano, una hoja de laurel y unos granos de pimienta. Tardarán varias horas en estar bien cocidos y tiernos, por lo que, aunque cuezan tapados, hay que vigilar de vez en cuando y reponer agua. Entonces se escurren, reservando tanto las verduras como el caldo para hacer la salsa. Esta se prepara friendo en primer lugar tres rebanadas de pan y los ajos en una cacerola con una taza de aceite. Cuando empiezan a dorarse se retiran y en el mismo aceite se fríen las cebollas cortadas en juliana fina. Una vez que las cebollas empiezan a estar tiernas, se añaden los pimientos (puestos previamente en agua durante un rato para ablandarlos) y el tomate partidos en trozos. Se deja freír a fuego lento para que se haga bien y, por último, se añaden el pan y

los ajos fritos y un cacillo del caldo de cocer los morros, para que cueza todo junto. Si gusta picante se puede añadir ahora un poco de guindilla en rodajitas. Cuando se ha hecho todo bien se pasa por un pasapurés junto con las zanahorias, las cebollas y el puerro con que se han cocido el morro y las patas, con lo que se obtiene una salsa muy ligada. Se junta con los morros y las patas y se pone a cocer todo junto unos minutos. Si después de cocer quedara la salsa muy espesa, se puede ir añadiendo caldo poco a poco para aligerarla, pero no debe quedar demasiado clara. Se sirve muy caliente y acompañado de tostadas de pan frito.

Lengua de ternera con guisantes

Una lengua de ternera	Medio kilo de guisantes pelados
Dos zanahorias	Un puerro
Una rama de apio	Dos cebollas
Dos patatas	Dos dientes de ajo
Laurel	Vino blanco
Salsa de tomate	Harina
Hierbas aromáticas	Aceite de oliva
Vinagre	Sal

Se pone la lengua a remojar en agua fría, con sal y un chorro de vinagre, durante dos o tres horas. Después se lava bien al chorro y se pone a cocer en agua fría limpia que la cubra con las zanahorias, el puerro y el apio, todo en trozos no muy pequeños, más los ajos, dos hojas de laurel, las hierbas y sal. Cuando está tierna se saca y se deja enfriar, reservando las verduras y el caldo. Aparte, se pone a freír en una sartén, con un poco de aceite, la cebolla picada muy menuda. Cuando está dorada se añaden dos cucharadas de harina (previamente tostada en una sartén seca o en la placa del horno) y se revuelve bien con la cebolla. Se agregan entonces dos cucharadas de salsa de tomate y un vasito de vino blanco, y se deja cocer durante unos minutos todo junto. Después se añaden las verduras y dos cacillos del caldo de cocer la lengua, se pasa todo por un pasapurés y se pone a cocer nuevamente para que espese la salsa. Mientras, se limpia bien la lengua quitando la piel que la recubre y la grasa que tenga, se corta en lonchas no demasiado finas y se coloca en la cazuela en la que se vaya a servir. Aparte, se cuecen los guisantes en agua con sal y, escurridos, se reparten por encima de la lengua. Por último se cubre con la salsa y se pone a fuego lento para que dé un hervor todo junto. Se sirve acompañada de patatas fritas cortadas en daditos.

Lengua de ternera estofada

Una lengua de ternera   Tres zanahorias
Una cabeza de ajos   Dos cebollas
Vino blanco   Laurel
Pimienta negra   Aceitunas
Aceite de oliva   Vinagre
Sal

Se pone la lengua en agua fría con sal y un chorro de vinagre durante dos o tres horas. Después se lava bien y se pone a cocer en agua fría que la cubra, con un poco de sal, hasta que esté medio cocida. Se escurre y se limpia bien quitando toda la piel que la recubre y la grasa sobrante. Ya limpia, se vuelve a poner la lengua al fuego con las zanahorias y las cebollas cortadas en trozos, la cabeza de ajos entera, dos hojas de laurel, unos granos de pimienta, una tacita de aceite crudo, un vaso de vino blanco, un chorro de vinagre y sal. Se deja cocer a fuego lento durante media hora aproximadamente, para que quede bien tierna. Conviene darle vueltas con frecuencia para que no se queme. Si se reduce mucho el caldo, se añade un poco de agua o, si se tiene, de caldo de carne o de verduras. A continuación, se saca de la salsa y se deja enfriar. Mientras, se pasa la salsa por un pasapurés. Debe quedar bastante ligada, por lo que, si es necesario, se pone nuevamente en el fuego para que se reduzca. Se prueba y se sala al gusto. Se vierte sobre la lengua cortada en lonchas en la cazuela en la que se vaya a servir. Se pone a dar un hervor todo junto y se espolvorea con aceitunas sin hueso picadas menudas.

Manitas de cordero

Tres kilos de manitas de cordero
Dos zanahorias
Dos cebollas
100 gramos de jamón serrano
Salsa de tomate
Pimentón
Tomillo
Aceite de oliva

Dos puerros
Dos dientes de ajo
Un trozo de codillo de jamón
Un chorizo de guisar
Laurel
Guindilla
Harina
Vinagre

Sal

Las manitas se preparan la víspera del día en que se van a guisar. Aunque ya se venden bastante limpias, conviene chamuscarlas al fuego para quitarles los restos de pelo o piel que pudieran quedar. Después se ponen en una cazuela con agua fría que las cubra, un puñado de sal y un chorro de vinagre y se dejan durante toda la noche. Antes de ponerlas a cocer se lavan muy bien en varias aguas para que no quede sabor a vinagre. Se ponen al fuego sólo con agua fría, y cuando han cocido durante unos minutos se sacan, se escurren, tirando el agua de cocerlas, y se ponen de nuevo a cocer en agua limpia con los puerros, los ajos, las zanahorias, una hoja de laurel, un poco de tomillo, el codillo bien lavado y sal al gusto, hasta que se compruebe que están tiernas. Las verduras y el caldo de esta cocción se reservan. Aunque depen-

.. *las cabezas de los animales tienen muchas superfluidades; por esto son algo dañosas; pero los pies y manos de los animales, como son secos, no reciben estas superfluidades, ni son de mal nutrimiento ni de dura digestión.*
LUIS LOBERA DE AVILA (1551)

de del tamaño de las manitas, y por tanto habrá que comprobarlo pinchándolas, es fácil que tarden una hora y media en estar bien cocidas. Es muy importante, para que este plato quede bien, que las manitas estén muy tiernas. Mientras, se hace la salsa poniendo a freír la cebolla picada muy menuda; cuando empieza a dorarse, se añaden el jamón y el chorizo partidos en trocitos. A continuación, se incorporan una cucharada de harina y otra de pimentón, se remueve bien, se deja que se hagan un poco y después se agrega una taza de salsa de tomate. Cuando todo está bien hecho, se va echando caldo de cocer las manitas hasta conseguir una salsa no muy espesa pero bien ligada. Por último, se pasan por un pasapurés las zanahorias y los puerros que se han cocido con las manitas y se añaden a la salsa junto con un poco de guindilla. Se cubren las manitas con la salsa y se ponen a cocer unos minutos, con mucho cuidado de que no se agarren, pues al ser tan gelatinosas se pegan con facilidad. Se sirven muy calientes.

Asadurilla de cordero

Una asadurilla de cordero   Una cebolla
Un pimiento verde   Tres dientes de ajo
Salsa de tomate   Pimentón
Vino blanco   Perejil
Harina   Aceite de oliva
Sal

Se limpia bien la asadurilla quitando las venillas y durezas, se trocea y se sala al gusto. En una cacerola con un poco de aceite caliente se ponen a freír la cebolla, un poco después el pimiento y por último los ajos, todo muy picadito. Cuando empiezan a dorarse se añade la asadurilla, se saltea bien a fuego lento durante unos minutos y se añaden una cucharada de pimentón (dulce o picante, al gusto) y otra de harina. Se fríe a fuego medio para que no se ponga negro el pimentón, y removiendo bien, y se agrega un vaso de vino blanco, subiendo entonces el fuego para que se reduzca.

Por último, se añade una taza de salsa de tomate con un poco de agua para que cueza todo junto durante unos minutos. Cuando la salsa ha espesado se retira, se espolvorea con perejil picado y se sirve muy caliente.

Porque la cocina española es, sin duda, amigos míos, la más antihigiénica del Universo. Y con ello quiero decir que es también la más sabrosa.
GREGORIO MARAÑON

Riñones al jerez

Un kilo de riñones de   *Cuatro dientes de ajo*
cordero o de ternera   *Una cebolla grande*
Jerez seco   *Harina*
Perejil   *Aceite de oliva*
Vinagre   *Sal*

Se lavan bien los riñones, se parten por la mitad a lo largo y se ponen en agua fría con sal y un chorro de vinagre durante una hora aproximadamente. Pasado este tiempo, se lavan nuevamente en agua fría, se escurren bien, se parten en trozos pequeños y se salan al gusto. Se fríen en una sartén con aceite muy caliente y a fuego fuerte hasta que se reduzca todo el caldo que sueltan. Aparte, se ponen a freír primero la cebolla y un poco después los ajos, ambos picados muy menudos. Cuando empiezan a tomar color se añade una cucharada de harina y se deja hacer un poco removiendo bien. Una vez que la harina se ha tostado un poco, se añade un vasito de jerez y se deja que cueza a fuego fuerte unos momentos. A continuación se echan los riñones, ya fritos, para que cuezan con la salsa. Se prueban en cuanto dan el primer hervor y, si siguen estando duros, se añade un poco de agua para que continúen cociendo hasta que estén tiernos. En el momento de servir se espolvorean con perejil muy picadito. Pueden servirse acompañados de arroz blanco.

Un plato de riñones es ante todo un placer olfativo y táctil.
MANUEL VAZQUEZ MONTALBAN

Sesos huecos

Tres sesadas de cordero	*Una cebolla*
Leche	*Vinagre*
Harina	*Aceite de oliva*
Dos huevos	*Sal*

Un par de horas antes, ya que tiene que reposar antes de emplearse, se prepara la masa para rebozar los sesos: se mezclan en un cacharro dos cucharadas de harina y una tacita de leche, batiendo muy bien para evitar que se formen grumos y conseguir una masa fina y homogénea, que se reserva. Se ponen los sesos en remojo en un cacharro con bastante agua fría y un chorro de vinagre durante una hora aproximadamente, de manera que suelten bien toda la sangre. Se escurren, se lavan y se ponen a cocer en una cacerola con agua fría que los cubra, unos cascos de cebolla, un poco de sal y unas gotas de vinagre. Cuando han cocido unos cinco minutos se escurren, se dejan enfriar, se limpian bien de las telillas y venas que pudieran tener y se parten en trozos del tamaño de una nuez. Aparte, se toman los dos huevos, se separan las yemas de las claras y se montan éstas a punto de nieve. Para que queden bien duras, cuando empiezan a subir se añaden una pizca de sal y unas gotas de limón. Las claras montadas se unen a la masa que se ha preparado antes, mezclando bien pero despacio, sin batir, para que no se bajen. Los sesos se pasan por esta masa, echándolos y sacándolos con una cuchara, y se fríen de uno en uno en una sartén con bastante aceite caliente. Se inflan y doran enseguida. Se escurren bien y se sirven inmediatamente.

Menudillos de pollo

Un kilo y medio de   *Dos cebollas*
menudillos de pollo   *Tres dientes de ajo*
Salsa de tomate   *Aceite de oliva*
Perejil   *Sal*

Se limpian los menudillos quitando todos los nervios, ternillas y telillas, se lavan bien al chorro de agua fría y se parten en trozos pequeños. Después se dejan escurriendo. Aparte, en una sartén, se pone a freír la cebolla picada muy menuda. Cuando empieza a tomar color se añaden los ajos, también muy picados, y enseguida los menudillos con un poco de sal, se saltean un momento a fuego vivo (teniendo cuidado, pues saltan mucho) y luego se baja el fuego para que terminen de hacerse lentamente. Cuando están bien hechos se añade una tacita de salsa de tomate, dejando que dé un hervor todo junto. Se retiran y se sirven calientes espolvoreados con el perejil muy picado.

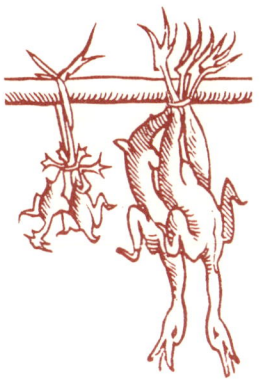

Postres y dulces

ACEITADAS, ALBÓNDIGAS DE DULCE, ALEGRÍAS, ALFAJORES, ALMENDRADOS, ALMOJÁBANAS, AMARGUILLOS, BARQUILLOS, BARTOLILLOS, BASTONCILLOS, BATATINES, BICARBONATAS, BIZCARIOS, BIZCOCHADAS, BIZCOCHO DE SAN LORENZO, BIZCOCHOS BORRACHOS, BIZCOCHOS DE LIMÓN, BIZCOCHOS DE MONJA, BIZCOCHOS DE VERGARA, BIZCOCHOS DEL CURA, BIZCOLETOS, BOCADITOS DE ÁNGEL, BOLAS, BOLLO MAIMÓN, BOLLOS DE CARNAVAL, BOLLOS DE CHICHARRONES, BOLLOS DE LECHE, BOLLOS DE MOLLETE, BOLLOS DE PATATA, BOLLOS LISTOS, BOLLOS TONTOS, BORRACHOS, BORRACHUELOS, BRAZOS DE GITANO, BUÑUELOS, BUÑUELOS DE VIENTO, CANUTILLOS, CARBAYONES, CAROLINAS, CASCABELICOS, CASTAÑAS DE MAZAPÁN, CIEGAS, CIVILICOS, COCADAS, COLINETAS, COPITOS, CORBATAS, CORDIALES, CORONELES, CORTADILLO, CRESPILLOS, CRISTINES, CHOCHOS, DEDOS DE SANTA CATALINA, DELGADOS, DORMIDOS, DULCINEAS, DUQUESAS, EMPANADILLAS DE SANTA CATALINA, EMPIÑONADOS, ENCOMENDAS, ESCALDADILLAS, FARDALEJOS, FELIPES, FEOS, FIDEOS DULCES, FIYUELAS, FLAONES, FLORES, FLORES DE CARNAVAL, FRITOS BORRACHOS, FRIXUELOS, FRUTAS DE SARTÉN, GALLETAS, GAÑOTES, GARROTILLOS, GLORIAS, GUISADILLAS DE MONJA, HOJUELAS, HORMIGOS TORCIDOS, HUESECILLOS, HUESILLOS, HUESOS DE SANTO, HUEVOS CARBONEROS, HUEVOS DE FALTRIQUERA, ITALIANOS, JAYUYOS, JESUITAS, JOPAIPAS, JOSAS, LABERINTOS, LENGUAS DEL PERÚ, LIBRICOS, MAGDALENAS, MAGDALENAS DE LECHE, MANTECADAS, MANTECADAS IMPERIALES, MARAÑUELAS, MARIQUITAS, MARQUESAS, MARQUESITAS, MAZAPANES, MEDIASLUNAS, MILHOJAS, MOJICONES, MONAS DE PASCUA, MONCHÁVANAS, MOSTACHOS, MOSTACHONES, NICANORES, NOCHEGÜENOS, NUÉGADOS, OBISPOS, OMBLIGOS DE LA REINA, OREJAS, OREJAS DE FRAILE, ORILLETAS, PACIENCIAS, PALMERAS, PAN DE ALÁ, PAN DE HIGO, PAN DORMIDO, PANECICOS, PANECILLOS, PANECILLOS DE SAN ANTÓN, PANQUEMADO, PANQUETES, PANTORTILLAS, PAPARAJOTES, PASTAS, PASTAS DE TÉ, PASTAS FLORAS, PASTELES DE GLORIA, PATAS DE VACA, PELOTAS DE FRAILE, PELUSAS, PERIQUILLOS, PERIQUITOS, PERRUNAS, PERRUNILLAS, PERUSAS, PESTIÑOS, PICARDÍAS, PIÑONATES, PIONONOS, PIULETAS, POLACOS, POLVORONES, PUNTAS DE DIAMANTE, RAQUETAS, REBOJOS, RELLENOS, REPELADOS, RETORCIDOS, ROLLITOS DE YEMA, ROLLOS, ROLLOS DE AGUARDIENTE, ROSCADOS, ROSCAS DE CANDELILLA, ROSCONES DE YEMA, ROSCOS, ROSCOS DE CANELA, ROSCOS DE GASEOSA, ROSCOS DE HUEVOS, ROSCOS DE VINO, ROSCOS DE YEMA, ROSNEQUES, ROSQUETAS, ROSQUILLAS BAÑADAS, ROSQUILLAS DE AGUA, ROSQUILLAS DE AIRE, ROSQUILLAS DE ALFAXOR, ROSQUILLAS DE HOJALDRE, ROSQUILLAS DE PALO, ROSQUILLAS DE SANTA CLARA, ROSQUILLAS DE TRANCALAPUERTA, ROSQUILLAS LISTAS, ROSQUILLAS TONTAS, ROSQUITAS DE ANÍS, SACRISTANES, SEQUILLOS, SOBADILLOS, SOBAOS, SOLETILLAS, SOPLILLOS, SUSPIROS DE MONJA, TARTAS, TETICAS DE MONJA, TEXTONES DE CAÑAMONES Y DE AJONJOLÍ, TORRADAS DE PARIDA, TORRIJAS, TORRIJAS DE BULLA, TORTAS, TORTAS A LA LLAMA, TORTAS AL HOYO, TORTAS DE ALMA, TORTAS DE ACEITE, TORTAS DE CASCARONES, TORTAS DE CHICHARRONES, TORTAS DE HORNAZO, TORTAS DE NUEZ, TORTAS DE PASTAFLORA, TORTAS DE PASTOR, TORTAS DE TIERRALBURGO, TORTAS DE TOROJONES, TORTAS DE TORRIJOS, TORTAS ESCALDADAS, TORTAS FINAS, TORTERAS, TOSTADAS DE ALMENDRAS, TOSTONES, TRIPAS DE MONJA, TRONADORES, TURRONCILLOS, TURULILLOS, VIRUTAS DE SAN JOSÉ, VOLADILLOS, YEMAS, YEMAS DE CANÓNIGO, YEMAS DE LAS LAURAS, YEMAS DOBLES, YEMAS DE SAN LEANDRO.

Arroz con leche

Dos litros de leche   100 gramos de arroz
125 gramos de azúcar   50 gramos de mantequilla
Dos huevos   Un limón
Canela en rama y en polvo

En una cacerola se pone a calentar un litro y medio de leche con una rama de canela y la corteza de medio limón (se puede poner la corteza del limón entero si gusta que destaque luego el sabor a limón). Cuando empieza a hervir se echa el arroz y se deja cocer a fuego muy lento durante unos tres cuartos de hora o un poco más, removiendo con frecuencia para que no se agarre. A medida que se va reduciendo la leche y espesando, se va añadiendo poco a poco el medio litro de leche restante. Cuando ha cocido durante este tiempo, se agregan el azúcar y la mantequilla y se deja cociendo otros diez minutos más, con cuidado de que no se agarre, especialmente ahora con el azúcar. Se retira entonces del fuego y se añaden dos yemas previamente desleídas en un poco de leche fría. Se mezclan bien las yemas, y se vierte el arroz en una fuente plana, en la que se sirve templado o frío y adornado con canela en polvo.

El arroz con leche es el postre más maternal.
RAMON GOMEZ DE LA SERNA

Flan al caramelo

Cuatro huevos   Leche
Azúcar   Un limón

En primer lugar se pone al fuego medio litro de leche con una corteza de limón. Se retira cuando ha hervido unos minutos y se reserva. Se prepara entonces el flanero cubriendo el fondo con azúcar y poniéndolo al fuego suave hasta que el azúcar se haya hecho caramelo, pero con cuidado de que no se tueste demasiado, pues amargaría. Entonces se bañan las paredes con el caramelo, se retira y se deja enfriar. Se toman tres de los huevos y se separan las yemas de las claras. En un cazo se baten bien las tres yemas, el huevo restante entero y ocho cucharadas de azúcar. Cuando se ha conseguido una crema fina se añade la leche, ya templada, y se mezcla bien. Se vierte en el flanero, pasándolo por un colador, y se cuece al baño María. Cuando empieza a hervir el agua puede meterse todo al horno, donde tardará menos en hacerse. Se sabe que el flan está cocido cuando se pincha con una aguja y ésta sale limpia, o cuando no se hunde la yema del dedo al hacer una ligera presión. Se desmolda una vez frío.

Los restauradores siempre juran, por la Santa Cruz, por sus muertos o, simplemente, por su honor, que los flanes de su casa son de creación propia y nada tienen que ver con los polvos industriales; el cliente aceptará estas declaraciones a beneficio de inventario.
LORENZO MILLO

Leche frita

Un litro de leche   Azúcar
Maizena   Un limón
Harina y huevo   Canela en polvo
para rebozar   Aceite
Vainilla

En una cacerola, se disuelven bien cuatro cucharadas colmadas de maizena en la leche fría. Una vez bien disuelta, se añaden ocho cucharadas de azúcar, una pizca de vainilla y corteza de limón (un trozo sólo o la corteza entera, según se desee que después predomine o no el gusto a limón). Se pone al fuego y se remueve continuamente con una cuchara de madera hasta que rompe a hervir. Con los primeros hervores se espesa, y entonces se retira. Se vierte en una placa o fuente plana, de forma que quede extendida por igual y con no más de un centímetro y medio de alto, y se deja enfriar. Cuando está bien fría se corta con el cuchillo en trozos cuadrados no muy grandes, que se rebozan en harina y huevo y se fríen en aceite abundante y bien caliente hasta que se doran. Se escurren bien en papel absorbente y, poco antes de servir, se espolvorean con azúcar mezclado con canela en polvo. Se puede tomar también fría, pero está mejor un poco templada.

Soufflé al ron

Huevos	Azúcar
Mantequilla	Ron
Limón	Azúcar glass

Las cantidades que se recomiendan son, por persona, dos huevos, cuatro cucharadas de azúcar y una de ron. Se separan en primer lugar las yemas de las claras. Se baten mucho las yemas con el azúcar, mejor con batidora, hasta que están bien esponjosas y cremosas. Entonces se les añade el ron y se mezcla bien. Aparte, se ponen las claras a punto de nieve, añadiendo cuando han empezado a subir una cucharadita de azúcar y unas gotas de limón para que queden más duras. Cuando están bien montadas se les van añadiendo poco a poco las yemas con el azúcar y el ron, mezclando bien pero sin batir, despacio, pues de lo contrario se bajarían las claras. Debe quedar una crema esponjosa y fina, que se vierte en un cacharro que se pueda meter al horno, mejor de vidrio o porcelana, previamente untado con mantequilla. Se enciende el horno y, cuando está fuerte, se mete la crema para que suba bien y se dore por la parte superior, para lo que necesitará unos diez o quince minutos. Se espolvorea con azúcar glass y se sirve inmediatamente, en el mismo recipiente, pues al enfriarse se baja.

Torrijas

Pan de torrijas   Leche

Azúcar   Huevos

Coñac   Canela en polvo

Harina

En un cazo, se pone bastante leche con dos o tres cucharadas colmadas de azúcar y un chorrito de coñac, y se pone a calentar en el fuego. Se corta la barra de pan en rebanadas y se van echando éstas, de una en una, al cazo con la leche, que se mantendrá en el fuego. A cada rebanada se le da la vuelta para que se empape bien, con mucho cuidado para que no se rompa. Según van estando mojadas se sacan a una fuente plana, en la que se ponen extendidas, no una encima de otra. Se dejan reposar un rato, y se pasan por huevo batido y se fríen en aceite abundante y bastante caliente, para que se doren sin que el pan chupe el aceite. Se escurren bien en papel absorbente y se reservan. Aparte, se preparan unas natillas poniendo en un cazo medio litro de leche, tres huevos bien batidos, seis cucharadas de azúcar y una cucharadita de harina. Se mezcla todo bien y se pone a calentar al baño María, es decir, dentro de otro cacharro mayor con agua. Se retira antes de que hierva, en cuanto empieza a espesar, y se deja enfriar. Por último, se pasan las torrijas por azúcar mezclado con un poco de canela y se sirven acompañadas de las natillas y de miel, pero aparte, no vertidas sobre ellas.

Buñuelos de viento

75 gramos de manteca de cerdo o mantequilla
Azúcar
Aceite para freír
200 gramos de harina

Crema, cabello de ángel o nata para rellenar
Sal
Azúcar glass
Cinco huevos

En un cazo se pone al fuego un vaso de agua con la manteca de cerdo, una pizca de sal y una cucharadita de azúcar. Cuando rompe a hervir, se echa la harina de golpe, se mezcla bien con una cuchara de madera y se sigue trabajando en el fuego hasta que se consigue una masa lisa y que se despega del cazo. Se retira entonces del fuego y se deja enfriar un rato. Cuando la masa está templada, se van echando los huevos, de uno en uno y enteros, sin batirlos. Hay que trabajar la masa bien, y no se debe echar un huevo hasta que el anterior no esté perfectamente incorporado. Se fríen en abundante aceite, no demasiado caliente para que los buñuelos se inflen mejor, echando en la sartén, con una cucharilla mojada en aceite, porciones de masa del tamaño aproximado de una nuez. Cuando han subido y se han dorado, se escurren bien, se dejan enfriar un poco y se abren lateralmente con una tijera.

Se quita el pellizco de masa que queda en el interior de los buñuelos, y se rellenan con crema pastelera, crema de chocolate (página 218), cabello de ángel (página 238) o nata montada. Antes de servirlos se espolvorean con azúcar glass.

Bartolillos a la crema

Medio kilo de harina
Jerez dulce
Azúcar glas
Crema pastelera

100 gramos de
manteca de cerdo
Aceite para freír
Sal

Se pone la harina en la mesa, en montón, y en su centro se hace un hoyo en el que se ponen la manteca de cerdo, previamente derretida al fuego, un vasito de jerez dulce y una pizca de sal. Se amasa bien con las manos, hasta conseguir una masa homogénea, y se deja que repose unas dos horas aproximadamente. Se extiende después la masa con el rodillo, en la mesa y con ayuda de harina, hasta dejarla lo más fina posible sin que se rompa. Se van poniendo sobre ella cucharadas de crema pastelera y se forman como empanadillas doblando un extremo sobre el otro para encerrar la crema. Se recortan con una ruedecilla cortapastas, se aprietan bien los bordes con los dedos para que no se salga la crema y se fríen en aceite abundante y muy caliente. Se dejan enfriar, pero no se meten a la nevera, y antes de servirlos se espolvorean con azúcar glass.

En todos los tiempos la crema ha sido la golosina de las mesas, y su confección antiguamente era del dominio de las señoras y señoritas de la casa. Era plato de día de fiesta, regocijo de chiquillos y entretenimiento de nuestras abuelas.
ANGEL MURO

Tocinillos de cielo

Diez huevos   Un cuarto de kilo de azúcar

En primer lugar se separan las claras de las yemas, y éstas se deshacen bien con una espátula de madera y se reservan. Aparte, en un cazo se pone al fuego el azúcar con aproximadamente medio vaso de agua, la justa para que el azúcar se disuelva. Se deja cocer hasta que se tiene un almíbar ni muy ligero ni muy espeso, lo que se llama almíbar a punto de hebra: cuando, al tomar un poco entre los dedos pulgar e índice y separarlos, el almíbar queda unido entre ambos por una hebra fina, que se rompe enseguida. Entonces se van añadiendo poco a poco a las yemas, removiendo bien hasta conseguir una mezcla perfectamente uniforme. En unos moldes pequeños, que se untan con un poco de almíbar, se echa la mezcla y se cuece al baño María, mejor en el horno, y cuidando de tapar bien los moldes para que no entre agua ni vapor. Tardará en cocerse unos quince o veinte minutos, o un poco más en función del tamaño de los moldes. Se comprueba que están hechos cuando, al introducir la punta de una aguja o de un palillo, ésta sale seca. Se dejan enfriar y se desmoldan una vez fríos.

Sabed que toda azucar alli anda baldonado:
Polvo, terrón y cande y mucho del rosado,
Azucar de confites y mucho del violado,
De muchas otras guisas, que ya he olvidado.
ARCIPRESTE DE HITA

Tarta de melocotón

Harina	Mantequilla
Azúcar blanca	Azúcar morena
Tres huevos	Melocotón en almíbar
Levadura en polvo	Zumo de melocotón
Sal	

En un cazo al fuego se derrite media taza de mantequilla, que cuando está líquida se vierte en un molde en forma de corona. Se extiende bien por la base del molde y sobre ella se reparte por igual una taza de azúcar morena. Encima del azúcar se ponen los trozos de melocotón, bien escurridos del almíbar y de manera que quede la parte cóncava hacia arriba. Bastará con una lata de un kilo. Aparte, se mezclan una taza de harina, una cucharadita de levadura en polvo y un pellizco de sal, y se reserva. Se separan las yemas de las claras de los tres huevos. Las claras se montan a punto de nieve, añadiéndoles una pizca de sal y unas gotas de limón para que queden bien duras, y se reservan. Las yemas se baten con una taza de azúcar blanca y, cuando están esponjosas, se les agrega medio vasito de zumo de melocotón, después la harina con la levadura, mezclando bien pero sin batir, y por último las claras a punto de nieve, envolviéndolas con la masa de arriba abajo.

Una vez que la mezcla es perfectamente homogénea, se vierte sobre el molde con los melocotones y se cuece al horno a temperatura media durante unos 35–40 minutos. Se deja enfriar y, cuando está totalmente fría y reposada, se desmolda. Se sirve acompañada de nata líquida o montada.

Marquesita de chocolate

150 gramos de chocolate
sin leche
Cuatro huevos
Leche

200 gramos de
mantequilla
Azúcar glass

U n buen rato antes se saca la mantequilla de la nevera para que esté blanda. Asimismo, se separan las yemas de las claras. Las yemas se reservan, y las claras se montan a punto de nieve, añadiendo cuando empiezan a subir una cucharadita de azúcar y unas gotas de zumo de limón para que queden más duras, y se reservan asimismo. Se pone al fuego un vaso de leche, no muy lleno, con el chocolate troceado, removiendo sin parar, hasta que éste se deshace bien, y se deja enfriar un poco. Cuando está templado se empieza a trabajar bien con una espátula de madera y, ya más frío, se va incorporando poco a poco, sin dejar de trabajarlo, la mantequilla blanda hasta que esté bien unido y liso. Se añaden entonces tres cucharadas de azúcar glass, se mezclan bien, y después las yemas de una en una, sin echar la siguiente hasta que la anterior está perfectamente incorporada a la crema. Por último, se agregan las claras a punto de nieve, mezclando bien pero sin batir, para que no se bajen. Se vierte en un molde untado de mantequilla y se mete en la nevera. Es preferible preparar la marquesita el día anterior. Para desmoldarla, se mete un segundo en agua caliente para que se deshaga la mantequilla y salga mejor.

Crema de chocolate

200 gramos de azúcar   *Tres huevos*
50 gramos de harina   *100 gramos de chocolate*
Mantequilla   *sin leche*
Leche

Se separan las yemas de las claras y se baten las yemas con el azúcar, reservando dos cucharadas del azúcar para las claras. Una vez bien batidas y esponjosas las yemas, se añaden la harina y un vaso de leche fría para que se deshaga bien toda la mezcla. Cuando todo está bien deshecho, se le añade otro vaso de leche, en este caso hirviendo. Aparte, se deshace el chocolate arrimándolo al calor con un poquito de mantequilla; cuando está blando se incorpora a la crema, y todo junto se pone a fuego lento y sin parar de remover para que no se agarre. Se retira cuando da el primer hervor y se deja enfriar. Las claras se ponen a punto de nieve, añadiendo, cuando ya han subido un poco, el azúcar que se había reservado. Cuando están bien duras, se incorporan a la crema fría, mezclando bien pero despacio, sin batir, para que no se baje. Se sirve muy fría acompañada de pastas secas o lenguas de gato.

.. un brebaje que hacen, que llaman chocolate, que es una cosa loca lo que en aquella tierra aprecian, y las españolas hechas a la tierra se mueren por el negro chocolate.
JOSE DE ACOSTA (1590)

Tarta de chocolate

300 gramos de harina   300 gramos de azúcar
300 gramos de mantequilla   300 gramos de chocolate
               Seis huevos   Levadura en polvo
      Mermelada de fresa o nata montada

               Para el glaseado
500 gramos de azúcar glass   50 gramos de chocolate
80 gramos de mantequilla   sin leche

Se toman en primer lugar los huevos y se separan las yemas de las claras, que se reservan. Se bate la mantequilla con el azúcar hasta que la mezcla está bien cremosa, y entonces se le añade el chocolate, previamente derretido a fuego lento en dos cucharadas de agua. Se agregan después las yemas una a una, removiendo bien. Aparte se montan las claras a punto de nieve, añadiendo cuando ya han subido un poco una cucharada de azúcar y unas gotas de limón, para que queden bien duras. Una vez montadas, se incorporan al chocolate, uniendo bien pero sin batir, para que no se bajen. Finalmente, se agrega la harina previamente mezclada con dos cucharaditas de levadura y se mueve despacio. Se vierte en un molde bien engrasado y se mete a horno caliente durante una hora y media. Primero se pone el horno fuerte durante quince minutos, y luego se baja. Para preparar el glaseado se derriten el chocolate y el azúcar con medio vaso de agua a fuego lento, hasta conseguir una consistencia lisa de jarabe. En ese momento se incorpora la mantequilla, que se deshace bien. Se corta la tarta horizontalmente en dos o tres capas, se rellena con un poco de mermelada de fresa o nata montada y se reconstruye. Entonces se glasea por toda la parte exterior. Para alisar bien el glaseado se utiliza un cuchillo mojado en agua hirviendo.

Bocaditos de nata al chocolate

100 gramos de mantequilla
Medio kilo de nata
montada
Cuatro huevos

125 gramos de harina
250 gramos de chocolate
sin leche
Azúcar

En un cazo se pone al fuego un vaso de agua con la mantequilla y una pizca de sal. Cuando está hirviendo, se echa la harina de golpe, trabajándolo con una cuchara o espátula de madera hasta conseguir una masa que se desprenda del cazo. Se retira entonces del fuego y se deja enfriar un poco. Cuando la masa está templada, se le van añadiendo, de uno en uno, los huevos, incorporándolos bien con la espátula hasta tener una masa fina y homogénea. Esta masa se mete en una manga pastelera y se van poniendo unas bolitas en una placa engrasada, bastante separadas porque luego aumentan de tamaño. Se cuecen en horno fuerte, del que se sacan cuando están hechos y dorados, y se dejan enfriar. Cuando están fríos se abren por un lado con una tijera, sacando la poca masa que queda dentro, se rellenan con nata montada y se reservan. Para preparar la salsa, se deshace al fuego el chocolate con medio vasito de agua y otro medio de azúcar, hasta que esté líquido. Los bocaditos se sirven fríos (pero no congelados) con la salsa templada o caliente. Esta puede ponerse en una salsera aparte o echarse por encima de los bocaditos justo en el momento de sacarlos a la mesa.

Bizcotelas de chocolate

400 gramos de azúcar
200 gramos de chocolate
sin leche
Un limón

Ocho huevos
100 gramos de mantequilla
250 gramos de harina

Se toman seis huevos, se separan las yemas de las claras y se baten las seis yemas con 125 gramos de azúcar hasta que estén bien esponjosas. Aparte, se montan las seis claras a punto de nieve, con una cucharada de azúcar y unas gotas de zumo de limón para que queden más duras, y se reservan. Entonces se añade la harina a las yemas y, cuando todo está bien mezclado, se incorporan también, sin batir para que no se bajen, las claras a punto de nieve. Con esta pasta se rellena una manga pastelera de boquilla lisa y se van formando sobre la placa, con papel de plata engrasado, unos montoncitos redondos de unos cuatro centímetros de diámetro. Se cuecen en horno flojo hasta que están dorados. Se separan del papel y se reservan. Aparte se prepara el relleno: se toma un huevo, se separa la yema de la clara y se reserva; se pone la mantequilla en un cazo a fuego lento con unos 75 gramos de azúcar, moviendo bien hasta que está como crema. Entonces se incorpora la yema y, sin dejar de mover, se añaden 100 gramos de chocolate troceado hasta que se deshace y se obtiene una crema lisa. Se deja enfriar y con ella se unta por la parte inferior de las bizcotelas, que se van uniendo de dos en dos, como si fueran bocadillos. Entonces se prepara la cobertura: con unos 200 gramos de azúcar, un vasito de agua y un chorro de zumo de limón se prepara un almíbar a punto de hebra (véase antes la receta de tocinillos de cielo). Mientras se enfría el almíbar, se montan dos claras a punto de nieve, que se unen al almíbar templado, pero sin batir para que no se bajen. Por último, se derriten al fuego, con una cucharada de leche, unos 100 gramos de chocolate, que se une también con lo anterior. Con esta crema se cubren las bizcotelas y se dejan enfriar.

Tortada de las monjas

Una docena de huevos   *350 gramos de azúcar glass*
250 gramos de azúcar   *125 gramos de almendra*
100 gramos de harina   *cruda molida*
Licor

Se separan las yemas de las claras. Las yemas se baten mucho, mejor con unas varillas, hasta que blanquean y aumentan de volumen. Aparte, se montan las claras. Para que queden más duras, se les pone al principio una pizca de sal o unas gotas de limón. Cuando están consistentes, se juntan con las yemas, el azúcar y las almendras. Se une bien, revolviendo con cuidado, sin batir para que no se bajen las claras. Por último, se añade la harina y se mezcla bien. Se cuece a horno medio en un molde no muy hondo. Una vez fuera del horno, se cala con un almíbar ligero perfumado con un chorrito de licor. Para hacer el almíbar, se ponen en un cazo un cuarto de kilo de azúcar y un vasito de agua, a fuego no muy fuerte, y se remueve continuamente hasta que al levantarlo con una cuchara caigan gotas anchas y planas. Se retira del fuego y se le añade el licor que se desee. La tortada se sirve fría.

Bizcocho

Cuatro huevos *150 gramos de harina*
250 gramos de azúcar glass *Ron*

Se separan las claras de las yemas, para trabajarlas por separado. Las claras se montan a punto de nieve, añadiendo una pizca de sal y unas gotas de limón para que queden bien duras, y se reservan. Las yemas se baten bien junto con el azúcar y una cucharada de ron. Cuando están esponjosas, se juntan con la harina y con las claras, mezclando bien pero despacio, sin batir, pues se bajarían las claras. Se vierte en un molde y se cuece a horno medio hasta que ha subido bastante y se ha hecho por dentro (cuando, al pinchar el bizcocho con una aguja, ésta sale seca).

... que nadie ose rebajar la insigne variedad de los postres españoles, inventados, elaborados y, a través de los siglos, llevados a la perfección por la reunión felicísima de dos circunstancias típicas de nuestra península: una, la sabiduría de los moros, que, a la vez que sus maravillosos monumentos, nos dejaron el arte de los dulces utilizando magistralmente la almendra, el huevo y la miel, y, por otra parte, la abundancia de conventos de religiosas que dedican algunas horas de su tiempo, de su fervor y de su gracia a la confección de estos productos que parecen anticipos de celestiales colaciones...
GREGORIO MARAÑON

Magdalenas

Seis huevos
300 gramos de aceite
de oliva
Azúcar glass

300 gramos de harina
300 gramos de azúcar
Levadura en polvo

Estas cantidades son aproximadas. Lo más indicado es pesar en primer lugar los huevos, y tomar ese mismo peso para la harina, el aceite y el azúcar. Se baten muy bien los huevos con el azúcar, mejor con batidora, y cuando empiezan a esponjarse, a hacer pompas, se añade el aceite y se sigue batiendo un poco. Por último se incorpora la harina previamente mezclada con una cucharada de levadura en polvo, pero ahora sin batir, simplemente mezclando bien con una cuchara o espátula de madera. Esta pasta se vierte en los papelillos de magdalena, que se deben llenar sólo hasta la mitad, y se meten al horno cuando está fuerte. Cuando hayan subido, se baja la temperatura a horno medio–flojo y se dejan hasta que se doren por fuera y estén bien cocidas por dentro. Una vez frías, se espolvorean con azúcar glass.

Quesada

Tres huevos *Leche*
Harina *Azúcar*
Mantequilla *Canela en rama*

Se ponen al fuego en un cazo dos vasos de leche con una rama de canela y un vaso de azúcar. Cuando lleva cinco minutos cociendo, se retira y se deja enfriar. Cuando está templado se le añaden los huevos batidos, unos 100 gramos de mantequilla blanda y un vaso de harina. Se revuelve todo bien, y cuando se tiene una mezcla homogénea se pone en un molde bajo, bien extendida. Se cuece en horno flojo, aproximadamente en 40 minutos. Se saca cuando está dorada.

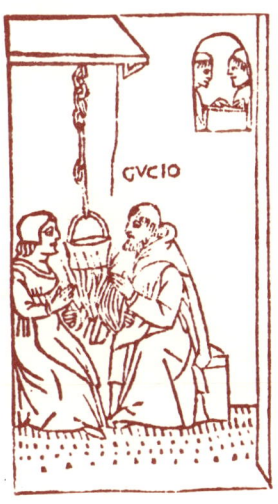

Cocadas

Un vaso de claras de huevo   Medio kilo de azúcar
Medio kilo de coco rallado

Se montan las claras a punto de nieve. Cuando empiezan a subir, se va añadiendo poco a poco el azúcar, hasta acabarlo. Una vez bien duras, se mezclan con el coco, pero lentamente, sin batir, para que no se bajen. El coco debe quedar bien incorporado a la mezcla. En la placa del horno engrasada con un poco de mantequilla o aceite se van poniendo cucharadas de la pasta, como del tamaño de una nuez. Se calienta el horno y se mete la placa cuando está bastante fuerte. Cuando empiezan a dorarse, se sacan y se dejan enfriar. Tienen que quedar muy crujientes por fuera y jugosas por dentro.

Pastas de nuez

Harina	*Levadura en polvo*
Mantequilla	*Un huevo*
Azúcar blanca	*Azúcar morena*
Nueces	*Leche*

Se deja ablandar la mantequilla hasta que está como pomada. Se toman entonces seis cucharadas, que se baten con una taza de azúcar blanca y como un cuarto de taza de azúcar morena. Aparte, se bate bien un huevo con una cucharada de leche y se añade a la pasta de mantequilla y azúcar. Se mezclan entonces dos tazas de harina con una cucharadita y media de levadura en polvo, se añaden también a lo anterior y se amasa bien. Por último, se pelan y pican en trozos pequeños las nueces, hasta llenar una taza, y se incorporan a la masa, trabajándola bien para que se repartan por igual. Se hace con la masa un cilindro de unos cuatro o cinco centímetros de diámetro, y se guarda en la nevera. Cuando se ha endurecido, se cortan discos de aproximadamente un centímetro de grosor, que se cuecen a horno moderado durante unos quince minutos. Se sacan cuando están doradas y crujientes.

Roscos de pueblo

Harina	*Levadura en polvo*
Aceite de oliva	*Anís*
Azúcar	*Limón*

Se bate bien con un tenedor un vaso de aceite de oliva junto con medio vaso de anís y la ralladura de la corteza de un limón. Aparte, se mezclan bien medio kilo de harina y un sobre de levadura en polvo, y se va incorporando poco a poco al aceite hasta conseguir una masa fina. Con esta masa se forman los roscos de la manera siguiente: se extiende la masa con el rodillo sobre una superficie lisa, mejor mármol, enharinada, hasta dejarla de un grosor de aproximadamente medio centímetro. Se cortan entonces, con un cortapastas o con la boca de una copa fina, unos círculos en cuyo centro se hace un agujero con el dedo. Se cuecen a horno moderado durante quince o veinte minutos. Al sacarlos del horno, estando todavía calientes, se pasan por azúcar.

Suspiros de monja

100 gramos de manteca
de cerdo
250 gramos de azúcar
Un limón
Azúcar glass

200 gramos de fécula
de patata
Tres huevos
Aceite de oliva

En un cazo con un cuarto de litro de agua se ponen la manteca de cerdo, el azúcar, la fécula de patata y la ralladura de la corteza de un limón. Se mezcla todo bien y se pone al fuego, sin dejar de remover, hasta que la masa se desprende del cazo. Entonces se retira y se deja enfriar un poco. Una vez templada, se van añadiendo uno a uno los huevos, trabajándolo bien hasta conseguir una masa lisa. En aceite abundante y bien caliente se fríen cucharadas de esta masa, hasta que se doran. Una vez bien escurridos y fríos, se espolvorean con azúcar glass.

Pestiños

Medio kilo de harina   60 gramos de manteca
Aguardiente o anís seco   de cerdo
Miel   Sal

Se pone en el mármol la harina en un montón, y se hace un hoyo en el centro para poner en él la manteca de cerdo previamente derretida al fuego, una pizca de sal y una copa de aguardiente. Se amasa bien y se deja que repose, cubierto con un paño húmedo, durante unas dos horas. Entonces se extiende la masa sobre el mármol enharinado con un rodillo, hasta dejarla lo más fina posible, y se cortan tiras de tres o cuatro centímetros de ancho por unos diez de largo. Se giran en forma de espiral y se dejan reposar otra media hora, para que la masa se seque un poco. Se fríen después en aceite abundante y bien caliente. Una vez bien escurridos, se untan los pestiños con miel rebajada con un poco de agua.

Hojuelas

Dos huevos   200 gramos de harina
Aceite de oliva

Se bate muy bien el huevo con una cucharada de aceite en un cacharro y a continuación se va añadiendo poco a poco la harina, pero no toda, sino reservando como la cuarta parte para trabajar después la masa. Se pasa después al mármol u otra superficie lisa, bien enharinada, se amasa bien y se extiende con el rodillo hasta dejar la masa lo más fina posible. Se cortan tiras finas, que se fríen en aceite abundante y bien caliente. Una vez escurridas y frías, se pueden rociar con azúcar o almíbar.

Evidentemente, los cinco mil dulces populares españoles merecen ser probados, aunque sólo sea una vez en la vida. Y si Pavese dijo que todo hombre que ha estado en la cárcel vuelve a ella cuando muerde un pedazo de pan, parafrasearíamos el invento pavesiano para añadir que todo español vuelve a su pueblo o a su infancia cada vez que muerde un polvorón o una rosquilla.
MANUEL VAZQUEZ MONTALBAN

Rosquillas de anís

Harina   Un huevo
Aceite de oliva   Leche
Anís (licor)   Anís en grano
Levadura en polvo   Azúcar
Azúcar glass

Se baten bien una tacita de aceite, otra de leche, un huevo, una copa de anís, dos cucharadas de anís en grano, una tacita de azúcar y media cucharada de levadura en polvo. Una vez bien mezclado todo, se empieza a añadir harina, incorporándola bien primero con una espátula de madera y luego con las manos, hasta conseguir una masa que no se pegue a los dedos. Entonces se da forma a las rosquillas y se fríen en aceite abundante, y no demasiado caliente para que se hagan bien por dentro. Se escurren muy bien y, cuando están frías, se espolvorean con azúcar glass.

Bollos de aceite

600 gramos de harina	*Levadura en polvo*
Anís (licor)	*Azúcar*
Aceite de oliva	*Una naranja*
Un limón	

En una sartén se pone al fuego un vaso de aceite con trozos de corteza de naranja y limón, se fríe unos momentos, se deja enfriar un poco y se cuela. Después se mezcla con medio vaso de anís, una cucharada de azúcar, una cucharadita de levadura y un poco de ralladura de corteza de limón. Cuando todo está bien mezclado, se le va añadiendo la harina poco a poco hasta obtener una masa consistente. Se trabaja bien y se forman con la mano unos bollitos planos que se ponen en la placa del horno, previamente engrasada, y se cuecen a horno medio. Cuando han subido y adquirido un color dorado se sacan del horno, se dejan enfriar un poco y se pasan por azúcar.

Dulces de almendra

250 gramos de almendras crudas

250 gramos de harina

250 gramos de azúcar

250 gramos de mantequilla

Seis huevos

Canela en polvo

Se muelen finas las almendras con la batidora y se mezclan con el azúcar. Aparte, se toman los seis huevos y se separan las yemas de las claras. Se amasa entonces la harina con la mantequilla y las yemas. A esta masa se incorporan las almendras con el azúcar y dos cucharaditas de canela, mezclándolo todo bien hasta conseguir una pasta homogénea. Con esta pasta se forman con la mano unos bollitos pequeños redondos o rectangulares, que se pintan con huevo batido y se cuecen en horno no muy fuerte hasta que están dorados.

Polvorones de almendra

Un cuarto de kilo de harina
Un cuarto de kilo de
almendras crudas
Canela en polvo

Medio kilo de azúcar glass
Media tableta de
chocolate sin leche
150 gramos de manteca de cerdo

S e trituran muy bien las almendras, se mezclan con la harina y se tuestan en la placa del horno, bien extendido y a temperatura media, removiendo con frecuencia para que todo se tueste por igual. Cuando ha adquirido un color marrón claro, se saca y se deja enfriar un poco. Mientras, se ralla fino el chocolate y se añade a la mezcla de harina y almendra. El azúcar se mezcla con una cucharadita de canela y se agrega también a lo anterior. Una vez bien mezclado todo, se pasa por un tamiz fino y se hace un montón en el mármol o en otra superficie lisa. Se derrite la manteca al fuego y se va echando poco a poco por encima del montón, trabajando la masa con las manos hasta que ha absorbido totalmente la grasa. Entonces se aplasta la masa con un rodillo, dejándola de alrededor de un centímetro de alta, y se hacen los polvorones circulares con un cortapastas o con la boca de una copa de cristal fino. Se van poniendo en la placa y se hornean durante cinco minutos a temperatura media. Una vez fríos, se espolvorean con abundante azúcar glass y se envuelven en papel de seda cortado con flecos en los extremos.

Compota de frutas secas

Medio kilo de ciruelas pasas   *Medio kilo de orejones*
Medio kilo de higos secos   *400 gramos de azúcar*
Vino tinto   *Un limón*
Una naranja

La víspera se ponen en agua las ciruelas pasas, los orejones y los higos secos. Después de este remojo, se escurren bien y se ponen al fuego en una cacerola con agua que los cubra, dos trozos de corteza de limón y otros dos de corteza de naranja, y se deja que cueza a fuego lento. Al rato, cuando la fruta empieza a ablandarse, se añaden el azúcar y unos tres o cuatro vasos de vino tinto. Deben seguir cociendo hasta que la fruta esté bien cocida y el caldo se haya reducido y sea un almíbar ligero de vino. Entonces se retira y se deja enfriar.

En la primavera borrincos, guindas, ciruelas, alvérchigas, figos, bevras, durasnos, melones, peras vinosas e de la Vera, manzanas xabíes, romíes, granadas dulces e agrasdulces e azedas, figo doñegal e uva moscatel.
ARCIPRESTE DE TALAVERA

Carne de membrillo

Un kilo de membrillos   Un limón
Azúcar

Se pelan los membrillos, se les quitan el corazón y las pepitas y se trocean. Así limpios, se pesan, y el peso que den es el que se utilizará después de azúcar. Se ponen a cocer los trozos de membrillo en una cacerola con agua fría que los cubra y el zumo de un limón (para que no se pongan oscuros). Cuando el membrillo está bien blando, se escurre y se pasa por el pasapurés o la batidora. Se añade el azúcar a este puré, se mezcla bien y se pone de nuevo al fuego para que cueza lentamente otros diez minutos más o menos. Durante esta segunda cocción, y como ya lleva el azúcar, hay que estar removiéndolo continuamente con una cuchara o espátula de madera, pues se agarra con suma facilidad. Después se vierte sobre unos recipientes más bien planos, que tengan bastante superficie, y se guarda en un lugar fresco y seco. A los dos o tres días se habrá endurecido y estará en su punto.

...mas lo que yo sé que ha comer el señor gobernador ahora para conservar su salud y corroborarla es un ciento de cañutillos y de suplicaciones y unas tajadicas sutiles de carne de membrillo, que le asienten el estómago y le ayuden a la digestión.
EL QUIJOTE

Cabello de ángel

Una cidra   Un limón
Azúcar

Para que pueda pelarse con más facilidad, se mete la cidra al horno durante una media hora. Una vez tostada, se saca del horno, se deja enfriar, se trocea y se saca bien toda la carne adosada a la cáscara, desechando la parte de las semillas. La carne se separa en hebras con la mano y se pesa. Se pone en una cacerola una cantidad de azúcar que pese lo mismo que la carne de la cidra y con él se prepara un almíbar ligero (véase la receta de tocinillos de cielo, aunque en este caso no hay que dejarlo espesar tanto). A continuación se añaden la cidra y un chorrito de zumo de limón. Se deja cocer durante al menos una hora, a fuego lento y moviéndolo con mucha frecuencia para que no se agarre. Cuando las hebras de cidra se han ablandado y han tomado un color un poco más oscuro, se retira y se deja enfriar. Al día siguiente se repite la operación, aunque solamente con 10 ó 15 minutos de cocción. Se deja enfriar y está listo para comer, como relleno de buñuelos u hojaldres, o para envasarlo.

Guirlache

Un kilo de almendras   *Un kilo de azúcar*
crudas   *Anises confitados*
Un limón

Se ponen las almendras en la placa del horno hasta que se tuestan, pero sin que lleguen a oscurecerse demasiado. Se dejan enfriar y, en batidora o con un rodillo sobre el mármol, se pican en trozos pequeños. Aparte se pone al fuego, en un cazo, el azúcar con dos cucharadas de zumo de limón. Cuando el azúcar empieza a tomar color de caramelo se añaden las almendras picadas, moviéndolo bien con una paleta. Una vez que la mezcla ha adquirido un tono de caramelo fuerte, se vierte sobre un mármol o placa, que previamente se habrá untado bien de aceite para evitar que se pegue. La pasta debe tener un grosor de aproximadamente un centímetro. Se cuadra bien la pasta a fin de evitar recortes y se reparte por encima una capa de anises confitados. Inmediatamente, con un cuchillo también aceitado, se corta en tiras de seis a siete centímetros de largo por tres centímetros de ancho, y se deja enfriar.

Quiere la leyenda española que el turrón hubiese sido inventado en una ciudad al verse sitiada con objeto de tener un postre incorruptible.
HARRY SCHRAEMLI

Indice de recetas

Indice de recetas